U0136022

聖彌勒爾教堂圖史

劉銳著

蘭臺出版社

走進聖彌勒爾大教堂

聖彌勒爾大教堂，德文稱St.Michael's Catholic Church，位於中國黑龍江省齊齊哈爾市中心的海山胡同，是近代天主教齊齊哈爾監牧區主教府總堂，今天的人們對這所教堂的歷史卻所知甚少。

相識聖彌勒爾大教堂始於1986年春，臨近大學畢業的我被學校分配在齊齊哈爾市37中學（2010年已拆除）實習。位於聖彌勒爾大教堂對面的37中學，是一所坐西朝東的三層建築，實習的辦公室在三樓中間，課餘時間臨窗眺望，眼前的建築讓我產生了疑惑：灰色水泥建築，前部是正方形，後部是長方形，所有的窗戶都是豎長條形。建築前部正方形頂部連接著高聳層層向上、疊疊建起的尖塔，四面灰白色相間，整個建築工整、嚴謹。不是中式建築，但尖塔最頂端卻是一個巨大鋼鐵材質的一米多高大紅五星。按耐不住，幾天之後，向一位年長的歷史教師詢問，知道它原來是一座教堂，現在整個院落是齊齊哈爾市馬戲團。

十年後的一天，再次來到37中學參加歷史教學研討活動，發現對面建築發生了變化，尖塔最頂端的大紅五星已拆掉，換上了巨大水泥十字架，高聳塔樓四面灰白色相間的地方變成四個巨大長型十字架，十字架後是鏤空的，是一座鐘摟。聽說鐘摟裡原來懸掛著五口銅鐘（現銅鐘已遺失），1大4小，每天3次響起五音報時鐘聲，鐘聲能傳送到很遠很遠。

此前，受齊齊哈爾市教育教學研究院邀請參與編寫《齊齊哈爾市鄉土歷史》教科書，通過《齊齊哈爾市地方誌》、《齊齊哈爾歷史述略》和齊齊哈爾政協出版的《文史通訊》對聖彌勒爾大教堂歷史有了深入瞭解。

《齊齊哈爾歷史述略》是這樣記載的：「1930年，英賀福主教以齊齊哈爾海山胡同10號為中心地，設立天主教總堂和主教府。經過一年多的時間，建成宏偉的經堂（聖彌勒爾大教堂）和相當規模的主教府，神職人員的辦公室、宿舍、修道院以及中小學校兩座，總占地面積65,600平方米，建築群面積12,034平方米。主日約有千人到大教堂參加彌撒。

　　齊齊哈爾天主教堂建成正值日本侵略者佔領了齊齊哈爾，1932年3月，又成立了偽滿州國。這時，主教英賀福與日本侵略者出現了矛盾，主教堂不掛日本國旗和滿洲國國旗。天主教建立的兩座中小學校均以「華北」命名，使日本侵略者極為不滿，「國聯調查團」來到齊齊哈爾，首先與英賀福會面，瞭解日本侵佔東北及齊齊哈爾情況，並把日本人阻攔室外，這使英主教的天主教與日本侵略者的矛盾進一步加深。

　　1934年，英賀福回國籌集資金，準備擴大在齊齊哈爾的傳教事業，同年冬返回時途徑日本，英賀福以羅馬教皇代表的身份，會見日本天皇裕仁時，透露了對日本侵佔中國東北的不滿。於是日本侵略者視英賀福為其侵略道路上阻礙，決定把他除掉。當英賀福到哈爾濱把所籌集到的十萬美元資金取出，乘火車返回齊齊哈爾時，日本在英賀福乘坐的車廂安置了定時炸彈。火車行至煙筒屯附近爆炸起火、英賀福遇難，所帶的錢幣全部燒毀」……

　　英賀福主教遇難後，瑞士白冷外方傳教會的胡干普神父接任主教。1947年4月24日，東北民主聯軍解放齊齊哈爾，在齊齊哈爾市建立黑龍江嫩江聯合省。7月24日，聖彌勒爾大教堂發生了「胡干普間諜案」（「龍城間諜案」），聖彌勒爾大教堂被封閉，齊齊哈爾天主教會的教堂、學校、修道院、醫院和

孤兒院等一系列機構、設施均被嫩江省政府接管。1949年以後來自瑞士白冷外方傳教會的35位神父和聖十字架修女會的20位修女陸續離開黑龍江回到瑞士。二十世紀五十年代，離開黑龍江的瑞士神父和修女們帶著深深的中國情又遠赴臺灣東部開闢新的傳教區，繼續著耶穌的使命。

中華人民共和國成立後，聖彌勒爾大教堂先後被南下幹訓隊、嫩江省委黨校、團校和北滿建築工程公司等單位佔用。1958年夏—1991年，聖彌勒爾大教堂成為齊齊哈爾市馬戲團排練場所。

1991年，國務院宗教局撥專款對教堂進行維修，將鐘樓頂端的紅五星拆掉，按原樣重修一個水泥十字架，將堵在主塔上四個長型十字架四周空隙的磚全部扒掉、清除，恢復了教堂原來的全貌。風風雨雨83年的聖彌勒爾大教堂，見證了齊齊哈爾日偽時期的殖民統治，見證了新中國齊齊哈爾翻天覆地的發展和變化。如今，聖彌勒爾大教堂仍以其宏偉、壯麗和裝飾的精巧、富麗而聞名龍江大地，護佑著這片沃土上的人民。

為真實再現聖彌勒爾大教堂的歷史，作者遠赴歐洲，走訪英賀福主教的瑞士家鄉，對瑞士白冷外方傳教會和聖十字架修女會檔案室保存的大量珍貴史料進行翻譯和研究，以英賀福主教傳教的歷程為主線，將瑞士白冷外方傳教會和聖十字架修女會在黑龍江20年的福傳、教育、醫療和社會服務等盡在此書中。

當您打開《聖彌勒爾教堂圖史》，將會重新認識影響了近代黑龍江歷史的瑞士哲學、神學博士英賀福主教和他籌建的最大天主教堂——聖彌勒爾大教堂。

2015.10

CONTENTS

聖彌勒爾大教堂建造者

——英賀福主教

Eugen Imhof（1899－1934）漢語名字——英賀福，瑞士著名哲學、神學博士，天主教齊齊哈爾監牧區開創者、齊齊哈爾聖彌勒爾大教堂建造者、齊齊哈爾監牧區首任監牧主教。

1899年2月9日，英賀福主教出生於瑞士阿爾高州威廷根鎮的天主教市民家庭，1918年9月，進入羅馬大學攻讀哲學和神學，1920年12月，獲得了羅馬大學哲學博士學位，1922年12月22日，在羅馬拉特蘭大教堂晉鐸。1923年6月，羅馬大學神學博士學位畢業，精通德語、法語、拉丁語、英語和義大利語，到黑龍江前在山東聖言會精習了漢語。1924年9月28日，正式加入瑞士白冷外方傳教會，被選派為第一批到中國傳教的會士，1926年3月19日，來到黑龍江省府齊齊哈爾創建新教區。

1928年7月9日，根據羅馬教皇比約十一世函令，天主教齊齊哈爾教區正式建立。經過黑龍江傳教區白冷外方傳教會神父們的民主評選，1929年4月28日，羅馬教廷委任英賀福為齊齊哈爾教區區長，1931年8月17日，齊齊哈爾教區晉升為監牧教區，1932年1月11日，羅馬教廷正式委任英賀福為齊齊哈爾教區監牧主教。

為擴大天主教的影響，創建新教區，1927年，齊齊哈爾天主堂以大洋5，7000元購買了教堂對面賢善胡同的4個院落和齊齊哈爾西南船套子的土地和房子，後又以大洋2，9750元購買了海山胡同教堂東、南部房屋45間，將齊齊哈爾西南船套子土地和房子擴建成龍江崇修修道院，海山胡同教堂東部的房子改建為華北男子中、小學校舍，教堂對面賢善胡同的4個院落作為修女會貞女修院和華北女子中、小學校舍。1931年6月2日，英賀福主教在齊齊哈爾創辦了黑龍江地區最先進的天主教會私立男、女中學校——華北中學。

瑞士白冷外方傳教會和聖十字架修女會在齊齊哈爾教區共建立了5座醫院，7個施藥房，育嬰堂2所，老人院2所，難民所10處，還有戒毒所、畜牧公益會和友愛會等各種公益機構120多個。

　　1932年，英賀福主教以齊齊哈爾海山胡同教堂為中心，營建了齊齊哈爾天主堂聖彌勒爾大教堂、主教府、神職人員辦公室、會議室和宿舍等設施。

　　日本侵略軍佔領東北後，嚴禁關內的報刊和書籍進入齊齊哈爾教區發行。1933年7月1日，英賀福主教創辦了天主教雜誌《龍沙公教月刊》，1937年6月30日，創刊4周年改版為《鐸聲》在齊齊哈爾教區內廣泛發行。

　　在黑龍江服務的8年間，英賀福主教將齊齊哈爾建成了瑞士天主教修會派來的男、女傳教士的本部、齊齊哈爾教區福傳、教育、醫療和社會服務的中心。

　　「九‧一八事變」後，日本侵略軍勢力不斷向黑龍江深入，大批難民不斷湧入齊齊哈爾教區的教堂，英賀福主教妥善安置、救助了一批批無家可歸貧苦難民。

　　英賀福主教全力支援馬占山將軍的江橋抗戰，在中立原則下履行國際公約，以人道主義精神堅持正義，以紅十字會主席的特別身份，維護齊齊哈爾人民利益，救死扶傷、保護市民和傷兵。

　　江橋抗戰期間，英賀福主教每週都將齊齊哈爾戰況的報告和照片發回瑞士，刊載在瑞士的報紙和雜誌上。國聯調查團到達齊齊哈爾時，首先來到教堂拜會英賀福主教，英賀福主教阻止日本人員進入室內，獨自向國聯調查員反映了日本侵佔黑龍江和齊齊哈爾的真實情況，並幫助齊齊哈爾人民向調查團遞交

揭露日本侵略的請願資料。

1933年12月，為了擴大齊齊哈爾教區的傳教事業，英賀福主教購買了創建教會大學的土地後，回到瑞士籌集建校資金。1934年1月17日晚，英賀福主教攜款返回齊齊哈爾時，在中東鐵路泰康縣小蒿子—煙筒屯段遭遇路軌被拆失，列車脫軌，離奇遇難，年僅35歲。

下面就英賀福主教福傳期間對近代黑龍江地區發展所產生的影響略加陳述：

（一）天主教進入黑龍江地區

自古以來居住在黑龍江地區的女真、蒙古、達斡爾和鄂溫克等少數民族，相信「萬物有神靈」，主要信奉原始宗教薩滿教。鴉片戰爭以後，大批山東、河北等地闖關東的漢族流民遷入。隨著流民的不斷移入，佛教、道教、天主教、基督教和伊斯蘭教開始在黑龍江地區廣泛傳播開來。

教區是天主教統轄機構的形式。1553年，葡萄牙殖民者攫取澳門居住權，1576年1月23日，羅馬教皇額我略十三世宣佈澳門教區成立，中國教區由此開始產生。從此，澳門成為歐洲天主教會向中國內地傳教的基地。

1583年，天主教耶穌會派意大利籍傳教士利瑪竇來華，利瑪竇用十年時間學習中國語言，攻研中國古代經典：「經、史、子、集皆曉其義」；結交明朝政府文人和官員，通過譯書和示範，把西方天文、地理、數學、醫藥、機械以及製作槍炮的技藝介紹給中國。利瑪竇將翻譯的西方數學和天文學等著作都獻給了明朝政府，因此，利瑪竇很得明朝神宗皇帝的器重。經過長期艱苦努力，利瑪竇終於使部分中國人開始消除疑慮，受洗入教。天主教逐步深入內地，打開傳教局面，使天主教開

始在中國紮下根。

清朝順治皇帝時，對負責修訂曆法的德國籍耶穌會士湯若望特別敬重，稱呼他為「瑪法」（滿語：父親）。康熙皇帝親政後，任命湯若望的助手南懷仁神父主持天文和曆法事務。康熙皇帝對西學有著強烈的愛好，每天都請南懷仁、徐日升和閔明我一起講習，同時對基督教也產生了極大的興趣。

1689年，康熙皇帝反擊俄國侵略黑龍江流域的戰爭取得了勝利，清朝政府派代表團赴黑龍江尼布楚與俄國進行邊境問題談判，「因為互相不瞭解對方國家語言文字，最後決定用第三方語言文字拉丁語進行談判，拉丁語是當時歐洲最有影響力的語言」。清朝政府要派精通漢、滿和拉丁3種語言的官員去談判，於是，康熙皇帝任命侍衛內大臣索額圖和佟國綱為欽差大臣，派耶穌會傳教士徐日升和張誠作為翻譯跟隨中國代表使團前往尼布楚談判。康熙皇帝在給索額圖的諭旨中寫道：「朕鑒於所用西人，皆忠貞可靠，足資信賴，特令徐日升和張誠隨爾前往俄國」。在與俄國進行邊界談判時，特別是在勘察中俄兩國邊界時，徐日升斷然拒絕了俄國代表的要求，沒有在條文上增加有利於俄國的內容，表示忠實於清朝皇帝。中俄兩國代表簽定的《尼布楚條約》基本上維護了中國領土主權，得到了康熙皇帝的尊肯。《尼布楚條約》現存有拉丁文、俄文和滿文三種文本。拉丁文本是最後的定本，經過中俄兩國代表團簽字交換的正式文本，具有充分的法律效應。因此，徐日升和張誠成為最早進入黑龍江地區的天主教傳教士。

據史料記載：「康熙皇帝時，南懷仁神父作為康熙皇帝的扈從兩次到東北旅行。在南懷仁的日記中記載了在東北各地有幾代天主教徒」。衛藤利夫（えとう としお）的《韃坦》中

記載：「清朝初期時，一位名叫巴蘭拿（Dominique Parrenin）的傳教士，是位精通滿文的學者，他把各種漢文書籍翻譯成滿族語，還刊印了浩瀚的辭書《韃坦滿族語詞典》。傳教士高布路（Jean-Francois Gerbillon）也是位精通滿文的學者，對滿文進行了系統研究，出版了重要的著作。傳教士理路・拉・夏路姆（Joachim Bouvet）也留下了有關東北的各種著述」。這些文獻對西歐學術界瞭解中國東北起了重要作用。

據瑞士白冷外方傳教會貝克曼博士撰寫的《黑龍江》（Dr.Johannes Beckmann SMB《Heilungkiang》）記載：「1709年，傳教士Jean Baptiste Regis、Petrus Jartoux和Xavier Fridelli奉清朝皇帝之命到東北和蒙古各地進行勘測，製作地圖」。「1710年，這三位耶穌會神父從北京來到齊齊哈爾」。

1693年，東北地區成為北京教區的一個轄區。此時，河北和山東等地的天主教信徒開始移居到東北各地，於是，北京教會派遣一位中國籍神父到東北各地巡迴布教。

1838年6月14日，熱衷於向亞洲傳教的羅馬教皇格列高里十六世決定：把中國東北三省和蒙古規劃為一個獨立教區——「滿蒙教區」（1838—1898），東北三省與北京教區脫離，劃歸為法國巴黎外方傳教會的傳教區，任命法國巴黎外方傳教會神父韋羅累（Verrolles）為主教負責統轄。韋羅累成為滿蒙教區的第一任主教。據韋羅累的調查書中記載：「當時在東北地區天主教信徒的人數達到3619人」。

1840年8月28日，根據羅馬教皇格列高裡十六世諭令，滿蒙教區劃分為蒙古教區和滿洲教區，蒙古從滿蒙教區分離出去成為一個新的獨立教區。「奉天、吉林和黑龍江即今天的東北三省成為一個新的獨立宗座代牧區——「滿洲教區」，滿洲教

區仍屬法國巴黎外方傳教會的傳教區。

1898年5月18日，根據羅馬教皇良十三世諭令，滿洲教區分為南北兩大教區，即南滿教區和北滿教區，委任法國巴黎外方傳教會神父紀隆（Laurent Guillon 1878—1900在中國）為南滿教區主教，統理南滿奉天教務，總堂設在瀋陽。委任法國巴黎外方傳教會神父蘭綠葉（Lalouyer）為北滿教區主教，統理北滿吉林和黑龍江兩省教務，總堂設在吉林市。南、北滿教區仍屬法國巴黎外方傳教會的傳教區。

1924年12月3日，南滿教區改為奉天教區，主教府設在瀋陽。北滿教區改稱吉林教區，主教府設在吉林市。

（二）天主教在黑龍江地區的發展

鴉片戰爭後，分管滿洲教區傳教的法國巴黎外方傳教會開始派傳教士正式到黑龍江地區進行傳教，天主教在黑龍江地區不斷發展起來。

據瑞士白冷外方傳教會貝克曼博士的《黑龍江》記載：「1845年，法國天主教巴黎外方傳教會派P.de la Bruniere到黑龍江省松花江和烏蘇里江一帶進行傳教，在黑龍江附近傳教時被打死，屍體扔到了黑龍江裡」。「1861年，巴黎外方傳教會又派P.Vennault和P.Franclet到黑龍江一帶傳教，他們乘船沿松花江視察教務，制定了傳教計劃」。

之後，法國巴黎外方傳教會的Noirjean Couraux神父來到黑龍江巴彥縣開始傳教，1874年，在巴彥城德化街路北買土地建立天主堂，信教男女有582人。1879年，Noirjean Couraux神父又在木蘭縣石頭河子西北隅曾設一處天主教堂。

1864年，法國巴黎外方傳教會Josephine神父來到黑龍江阿城傳教，在城內北門裡建立天主教堂，當時有教徒350人。

1898年，Josephine神父在哈爾濱設立阿城天主堂分堂，1901年3月15日，在哈爾濱道外傅家店南勳六道街4號購房基地一塊建築天主教堂，同年9月15日竣工，這是哈爾濱最早的天主教堂。1902年4月29日，北滿教區主教蘭祿葉親自為教堂舉行祝聖禮。

1906年，中東鐵路通車後，哈爾濱成為中東鐵路的中心，鐵路沿線的波蘭籍員工多在哈爾濱安居，信奉天主教的波蘭人請求波蘭天主教會派遣神父到哈爾濱建設波蘭人自己的教堂。波蘭教會派Antoine machuk神父來到哈爾濱，在南崗大直街47號地段上建造了聖‧斯坦尼斯拉夫教堂，通常稱為南崗波蘭天主堂，1907年竣工，被當時譽為哈爾濱最漂亮的天主堂。

1875年，法國巴黎外方傳教會Leray Souvignet神父開始在呼蘭縣租賃民房設立教堂，進行傳教。1896年，Leray Souvignet神父在呼蘭縣城東街購買土地1.95坰、瓦房7間、草房18間，建築了呼蘭天主堂。

義和團運動爆發前，法國巴黎外方傳教會還在黑龍江的雙城、五常、賓縣和延壽等縣購買土地建立教堂，開辦學校，免費食宿招收貧困兒童學習文化知識。

1901年以後，法國巴黎外方傳教會利用《辛丑條約》的賠款，憑藉清朝政府保護傳教士和教堂的政策，在黑龍江大肆購買土地重建教堂。據據瑞士白冷外方傳教會貝克曼博士的《黑龍江》記載：「由於黑龍江政府土地出售很便宜」。以此恢復了黑龍江地區的天主教勢力。

1902年，法國巴黎外方傳教會路平神父（P.Roubin 1895－1935在中國）到海倫縣尋找傳教基地，在通肯河一帶買下墨字三和六兩井荒地72萬平方華里。1906年，路平神父從巴彥、邊

寧三檯子和吉林八家子遷來教民150餘戶，600多教徒，建立了「聖約瑟屯」。路平神父委派十二名會長分管行政、土地和治安事務，制定十條教令，教民只向教會納捐，不受海倫縣管理，形成第一個黑龍江基督教自治屯。到1922年，「聖約瑟屯」教徒達到5862人。1924年8月，黑龍江督軍吳俊升到「聖約瑟屯」視察，題寫匾額一塊「名鐸西來」。

1919年，路平神父耗資8萬餘元，在「聖約瑟屯」內建築了當時黑龍江地區最大的天主堂——聖約瑟大教堂。聖約瑟大教堂總面積3600平方米，主鐘樓高40米，坐北朝南十字形，拱形屋頂，可容納2000人。同時，路平神父又在「聖約瑟屯」東北的長治社二井購地，建立基督教自治村莊，命名海星屯，屯內建起天主堂，把海倫縣的聖約瑟大教堂稱之大天主堂，海星天主堂稱之小天主堂。

根據《齊齊哈爾市宗教志》記載：「1904年，北滿教區派傳教士來到（齊齊哈爾城）龍江縣，在龍江縣哈拉海的文固達村建教堂一座，發展教徒數百人」。

「1912年，北滿教區法國籍神父師德（Pariser P.Girard）被派到齊齊哈爾設立教堂傳教，教徒有30多人，租賃公園胡同房屋5間做為天主教堂（龍沙公園一號門外路南），這是齊齊哈爾城內的第一座天主教堂」。

「1915年，北滿教區蘭綠葉主教派中國籍神父丁儒吉來齊齊哈爾傳教，丁儒吉是齊齊哈爾第一位中國籍神父，在齊齊哈爾城區海山胡同建立天主教堂」。

1926年3月，瑞士白冷外方傳教會的傳教士到來後，以齊齊哈爾為中心的天主教才迅速發展起來。

（三）英賀福——瑞士白冷外方傳教會的開拓先鋒

傳教並不僅僅是教義的傳播，也是一種民族精神和社會方式的外拓。當一個國家國勢強盛，其成就為世界矚目的時候，傳教就成為顯示其國家實力、展示其國家成就、宣傳其國家精神的手段，必然得到政府特別重視。

瑞士和歐洲其他天主教國家一樣，以天主教作為國家文化的核心，大力支持本國的傳教會。

白冷外方傳教會位於瑞士中部茵夢湖畔（Immensee），是瑞士庫爾教區神父彭道非博士（Dr.Pietro Bondolfi 1872-1943）創建的致力於中國傳教的天主教修會。

瑞士白冷外方傳教會前身是瑞士白冷傳教學校。1896年，法國薩伏依教區Pierre Marie Barra博士在瑞士庫爾教區的庫斯納赫特鎮（kuessnacht）購買了一棟房子，創辦了一所培育傳教士的學校。1905年，庫爾教區主教Joh.Fidelis Battaglia委任主教公署官員彭道非博士為白冷傳教學校的負責人。

由於瑞士沒有自己國家的傳教修會，白冷傳教學校畢業的學生都加入了歐洲其它國家的修會到中國傳教。為了使白冷傳教學校畢業的學生成為優秀的瑞士傳教士，在瑞士庫爾教區和瑞士政府的支持下，彭道非博士決定以白冷傳教學校為基礎創建瑞士自己的修會，於是，向羅馬教廷傳信部提交了申請。1921年5月30日，白冷傳教學校銀慶時，羅馬傳信部部長Wilhelm van Rossum向白冷傳教學校頒發了羅馬教皇本度十五世「關於白冷外方傳教會創立」的令函。

1922年，彭道非會長在盧塞恩西北沃勒胡森（Wolhusen）購買了一幢四層樓房，建成了沃勒胡森修道院，這樣從白冷傳教學校畢業的學生，可以直接升到沃勒胡森修院進一步學習哲學和神學，畢業後晉鐸，加入白冷外方傳教會，成為瑞士白冷

外方傳教會的傳教士。

中國山東省是德國聖言會的傳教區，聖言會在山東南境代牧區是中國天主教擴展最迅速的教區。於是，彭道非會長與駐羅馬教廷的聖言會代表商議，請聖言會幫助白冷外方傳教會派遣的首批神父們學習中國語言、瞭解中國的風俗習慣、教給他們融入當地文化的方法和經驗。

1924年9月28日，瑞士白冷外方傳教會為選派前往中國傳教的第一批傳教士：英賀福（Eugen Imhof）、胡干普（Paul Hugentobler）和司啟蒙（Gustav Schnetzler）神父舉行了盛大而又隆重的派遣儀式和歡送晚會。

1924年10月4日，英賀福和兩位神父從法國馬賽港乘客船由海路啟程前往中國，11月14日，到達了山東聖言會傳教中心兗州府的戴莊神學修院學習漢語。半年的漢語學習中，英賀福不僅學到了聖言會傳教經驗，還學習了中國的文學，進一步瞭解了中國的文化。

1925年7月21日，瑞士白冷外方傳教會接到羅馬教廷的決定：「劃中國東北的黑龍江省為瑞士白冷外方傳教會的傳教區」。

1926年3月初，英賀福與胡干普、司啟蒙和傅濟靈神父離開了山東聖言會，從青島乘船到達大連，乘火車經瀋陽、長春到達吉林，拜會吉林教區主教高德惠，商討了黑龍江傳教事務後，司啟蒙和傅濟靈神父前往黑龍江南部肇州長發屯。19日，英賀福與胡干普神父來到黑龍江省府齊齊哈爾，開始了傳教區的創建工作。

（四）英賀福──齊齊哈爾教區第一任主教

20世紀初，隨著中東鐵路竣工，齊昂鐵路建成通車，黑龍

江省開始實行放荒開墾，由此，信奉天主教山東和河北闖關東的大批漢族移民遷入黑龍江地區，促進了黑龍江地區經濟發展和對外文化的交流。

一批批關內移民在洪荒的黑土大地開墾荒地、牧農，每家每戶在開墾的土地旁建築房屋，居住的相距遠而又分散。因此，英賀福和同伴們來到黑龍江後首要的工作是深入各村屯去尋找教徒，購買土地和房屋，建築教堂。將沒有土地、貧窮的農民聚集在組建的基督村屯里。英賀福主教在給總會報告談到：「幫助貧窮移民，開拓殖民地的規劃是：教會在傳教區購買大片的草原，分配給移民（按照合同），教會幫助移民開墾草原和建造房屋，並提供穀種和工具等物資，這樣形成一個全新的殖民地——基督徒自治村屯。移民定居在基督徒村屯裡，他們有希望以勤勞的工作使生活轉為小康，或是將他們安家到現有的基督徒村莊，可以做佃農或找臨時的工作，提供免費的住宅。教會在基督徒自治村屯創辦免費小學，設立貧民藥局和醫院進行醫療、護理和接生等服務」。

據英賀福主教的報告記載：「1926年來到黑龍江時，傳教區僅有省府齊齊哈爾和南部肇州長發屯兩座能容納20多人的小教堂，兩地各有一位中國籍神父，教民大約有900人」。

英賀福與胡千普神父來到齊齊哈爾後，購買了海山胡同教堂周邊的房屋，將原來30公尺長，40公尺寬頻危的四間草房進行了改建，創辦齊齊哈爾天主堂男、女小學校和小修道院，開始培養本土神父和修女。

1926年4月初，英賀福主教騎著馬來到了天主教徒比較集中的林甸縣永合屯，以永合屯為中心尋找周邊教徒，聚集了150多位教徒，在永合屯購買土地建起了白冷外方傳教會第一

個基督教自治屯。

英賀福主教又在林甸縣城找到了很多戶天主教家庭，購買房子，建起小教堂，聚集起了100多位教徒，成立了教會，創辦了天主堂小學校。

1926年10月，英賀福主教乘坐馬車來到拜泉縣，找到了150多位教徒，在拜泉縣城購買了房子，改建為教堂，成立了教會，創辦了天主堂小學校、一個醫療診所和施藥房。

1927年2月，英賀福主教來到了克山縣城，購買了一處房舍作教堂，尋找周邊天主教家庭，又找到了100多位教徒。

從1926年3月到1928年7月，英賀福主教和白冷外方傳教會神父們在齊齊哈爾市內、昂昂溪、龍江縣的索伯台和文固達、林甸縣城和永合屯，拜泉縣、克山縣、甘南縣、肇州縣城和長發屯、老城子、豐樂鎮及吉林省大賚等地區建立13座教堂，成立了教會，創辦教會男、女小學校。

1927年10月，聖十字架修女會的修女到來後，在齊齊哈爾、肇州老城子和拜泉縣建立起醫療機構和社會救濟機構，完善了教會組織機構，各地堂區規模不斷擴大，形成了以齊齊哈爾為中心，林甸永合屯、肇州長發屯和龍江文古達三個以教堂為中心的基督教村屯。

1928年，白冷外方傳教會的傳教區擁有教徒人數達4000人，奠定了齊齊哈爾教區的基礎。

1928年7月2日，羅馬教皇比約十一世函令瑞士白冷外方傳教會建立齊齊哈爾教區，7月9日，天主教齊齊哈爾教區正式建立。按著羅馬教庭的函令，以通肯河為界與吉林教區分開，齊齊哈爾教區所統轄區域：東起拜泉，西至滿洲里，南接肇東、吉林白城子，北抵嫩江、黑河。所轄龍江、濱江、興安三省39

個縣，人口46萬。從此，齊齊哈爾教區成為天主教瑞士白冷外方傳教會第一個獨立傳教區。

經過齊齊哈爾教區白冷外方傳教會傳教士們的民主評選，1929年4月28日，羅馬教皇委任英賀福為齊齊哈爾教區區長。1931年8月17日，羅馬教廷晉升齊齊哈爾教區為監牧教區，1932年1月11日，羅馬教廷正式下函委任英賀福為齊齊哈爾監牧教區主教。

（五）英賀福主教以學校教育拓展黑龍江地區的天主教

傳教歷來是教會的重要職責，創辦教會學校是近代西方教會傳教的一個重要手段。瑞士白冷外方傳教會也不例外，以英賀福主教為首的傳教士希望通過學校教育的影響，將直接的教堂活動拓展，將天主福音遍佈黑龍江。

早在1925年5月，在山東聖言會戴莊神修院完成漢語培訓後，英賀福主教置身來到上海，在天主教教育最為興盛的上海徐家匯學習創辦教會學校方法和管理經驗。

英賀福主教和他的夥伴們來到黑龍江後，每建一座教堂，都在教堂院內建一座小學校，免費招收當地貧苦家庭的孩子入學。中國人歷來重視學校教育，教會學校環境、師資和管理都得到了學生和家長們的認可，一些富商和官宦都紛紛向教會捐款助學，他們認為：「教會學校管理好、安全，教學和師資水平高，學生品格和風氣好，都希望把自己的子女送到教會學校讀書」。於是，不僅貧困、偏遠地區的孩子能夠在堂區上學讀書，畢業後還可以升入高級的教會學校繼續學習，進入教會男、女小學校上學的學生越來越多，信教的學生和家長人數也隨著不斷上升。

據瑞士白冷外方傳教會統計數據：「齊齊哈爾教會小學

校始建於1927年3月，男校7人，女校6人。到1930年，黑龍江傳教區內共創辦了18座小學校，其中有6所女子小學校，招收了640名學生，截止到1933年，教會初級小學校57所，在籍的男孩和女孩達2877人。1947年前，教會學校學生最多、聲譽最好的是齊齊哈爾市、泰来、克山和甘南縣的初、高小兩級學校」。

隨著齊齊哈爾教區建設日益完善，教會小學培養出的優秀學生要想繼續升入高級中學只能到外省去上學。齊齊哈爾當時只有一所省立中學，於是，英賀福主教決定擴大辦學規模，在齊齊哈爾建立一所先進、高質量的私立教會高級中學。

英賀福主教將購買的海山胡同教堂東部房子，改建為華北男子中、小學校舍，把在教堂對面賢善胡同購買的一個院落的房屋改建為華北女子中、小學校舍（今天培智學校）。經過一年多的籌備，英賀福主教成立了華北中學董事會，在齊齊哈爾各界人士的支持和贊助下，1931年6月2日，華北男、女中學正式建校招生。

華北中學招生廣告發佈後，齊齊哈爾及附近各縣都有很多學生報名入學。首屆華北男、女子中學各招收了一個班40人，第二年秋，男、女中學各擴招了二個班，男子中學104人，女子中學85人。華北男、女小學變成中學的附屬小學，華北學校總數學生達650人。

1934年3月的《龍沙公教月刊》「悼念英賀福」一文寫到：英賀福主教「聘請良好教師，購置完全設備，限制學生人數，在體育、群育和德育方面，力謀學生的幸福，發展他們整個的人格」。使學生「道德能修，學問精進」。

英賀福主教為華北學校訂立的校訓是「勤學知恥」。校歌

歌詞是「二十世紀氣象新，環海交通誕育文明，智仁勇，世所馨，德業日新，克儉克勤，上仕為人役，下仕乃役人，修齊治平雙肩一齊承，貫徹我龍江精神！貫徹我龍江精神」！

為使信教學生熱心宗教、勤學敬師，和睦同學，在華北男子中學成立「公教青年會」，在華北女子中學成立「公教姊妹會」，教會派神父到「公教青年會」和「公教姊妹會」擔任監理司鐸。

華北中學遵照《中學校令》和《中學校令實施規則》辦學，接受中國政府監督指導，課程按照國民政府教育部頒佈的《中、小學課程標準總綱》設置，華北中學為三年學制，小學實行「壬戌學制」（四三制），小學是兩級，前四年為初級，後三年為高級。華北中學與中國現行教育制度接軌，納入黑龍江省統一的教育體系之中；利用教會財力優勢，提高了辦學層次，實施著沒有宗教課程的宗教教育。

華北中學聘用教師和招收學生都沒有宗教信仰的限制。但對奉教的教師優先聘任，奉教的學生從寬錄取，華北中學廣聘省內優秀教師，來自歐洲的神父和修女也擔當一些教學課程，在思想和道德上對學生們施以健全的西方教育。

英賀福主教認為：「宗教是神聖的，但不能強迫學生接受，特別是在涉及種族對抗時」。但必須保持教會學校的宗教性質，「要求師生周日到教堂望彌撒」，參加一些天主教節日活動。

華北中學辦學的一大特色是突出英語教學，一是出於基督教教化教育的需要，二是為了吸引生源、升學和就業的需要，把英語列為主要課程，華北男子中學的英語課聘任的是教會學校畢業的優秀教師，華北女子中學英語課則由聖十字架修女會

的修女擔任。通過學唱英文聖歌和組織學生用英語編演聖經故事的話劇等活動，提高了學生英語學習能力，為黑龍江地區培養一屆又一屆精通英語的人才。

齊齊哈爾教區教會學校另一大特色是創建學生鼓號隊。為了吸引男孩子進入教會學校學習，傳教區所有的教會小學校都建有鼓號隊，華北男校除了小學的鼓號隊，中學還建有大規模的管樂隊。

鼓號隊給男孩子提供了一個早期音樂教育的機會，彌補學校音樂課缺乏器樂的不足，學到課本中沒有的音樂知識，學生們身著統一校服，按軍訓要求，站軍姿、走正步、練隊形、排花樣操等，不僅培養了學生的樂感和節奏感，還培養了學生合作、集體精神和守紀的習慣。

鼓號隊是教會學校對外宣傳的一個「窗口」，鼓號隊每年有特定的比賽，來展示自己學校鼓號隊的風采，學校升旗儀式、節日歡慶儀式、出席特定任務等都為鼓號隊學生們的社會實踐提供了一個良好的契機，開拓了學生的視野。至今黑龍江地區的小學校還都建有鼓號隊。

華北學校注重對學生體質的培養，學校每學期都舉辦運動會，不定期地組織野遊或文娛活動。設專人指導學生們學習體操，各項球類，建立了東北地區最早的學生足球、籃球和網球隊，組織學生參加球類比賽，使華北學校的學生普遍具有一種強烈的自豪感。

英賀福主教在報告中寫道：「創辦女子學校主要目的是為了使教區內的女孩子結婚後，成為一位合格的好母親，建立一個理想幸福的家庭，能夠教育未來的子女認識教會，形成天主教家庭」。因此，華北女中教學內容比較生活化，學習課程有

英語、數學、地理、歷史、家政、繪畫和音樂等，英語、音樂和縫紉課由修女任教，除了英語外，教會女校非常重視音樂教育，由於教會要求學生參加每週教堂望彌撒，要求學生會唱讚美詩和宗教歌曲，對鋼琴、管風琴和聲樂教學尤為重視，通過英語和音樂課對女學生潛移默化地滲透天主教教義知識。

華北女中培養出許多具有新文化思想的傑出女性，衝擊了近代黑龍江地區的封建陋習，形成了女性的獨立人格，扭轉了黑龍江地區女性傳統教育思想，提升了近代黑龍江地區女性的素質和能力。

據《齊齊哈爾市教育志》統計記載：「民國時期，齊齊哈爾女子教育發展迅速，女生同男生的比例高小居全國第一位，初小居全國第三位」。可見，英賀福主教領導下的教會學校的發展和壯大是近代黑龍江人有目共睹、功不可沒的。

1935年，日偽政府實行殖民教育政策，嚴格控制小學教育的發展，省城省立和部分私立治外法權創辦的小學一律劃歸齊齊哈爾市偽政府管轄。「華北中學」被迫改名為「龍江中學」，1938年，日偽政府實行「新學制」，加強奴化教育，中、小學校分別改為國民學校，「華北中學」男校改稱為「龍江國民高等學校」，女校改稱為「龍江女子國民高等學校」，派駐日本人為副校長，加強對學校的控制。齊齊哈爾教會學校不斷受到審查，教區各縣天主堂小學的經常被停辦，中、小學生入學的數量也相對開始下降，教會學校逐漸減少。

英賀福主教利用教會學校拓展了傳教事業，架起了黑龍江地區對外文化交流的橋樑，培養了一大批人才，客觀上促進了近代黑龍江地區教育事業的發展。教會學校十分重視對學生品德、體魄、行為習慣和團隊合作精神的培養，鼓勵學生參加各

種社會活動，這些在近代中國傳統教育模式中是看不到的。正如上海麥倫中學（今為繼光中學）校長沈體蘭曾說過的：「基督教學校在現代中國教育界中是處於一個先進者的地位，這話是無可懷疑的」。

（六）英賀福主教以醫療和社會公益機構穩固天主教的發展

教會醫療和社會公益事業是一種世俗性很強的傳教事業，有很強的社會適應性，對傳教事業的發展起了多方面的間接支持作用。

1930年11月26日，英賀福主教關於齊齊哈爾教區的公益事業給瑞士白冷外方傳教會的工作報告做了全面闡述：

「瑞士傳教士在黑龍江的社會慈善工作

1.傳教人員：20位傳教士，12位修女，1位國籍傳教士。

2.黑龍江社會情況：雖然有很多礦藏，但有非常多的貧苦民眾。

原因：

(a)土地昂貴給草原開墾帶來巨大困難，特別是經濟方面。

(b)來自軍隊及地方官員的苛捐雜稅。

(c)土匪磨難。

(d)高利貸。（月利達到8％，甚至是10％，所以年利是80%-100%）

(e)物價普遍上漲，貨幣下跌。（從1929年中蘇關係破裂開始通貨膨脹）

(f)極端氣候環境：1年5個月氣溫在零下，冬天最冷時在零下20°-40°，反而有熱帶的夏天。

(g)經常發生瘟疫，幼童死亡率很高。

(h)黑龍江居民大部分是從中原地區因饑荒而遷來的移民，其中極少人帶著一點財產，政府允許他們購買家園。

3.教會提供幫助。教會試著從多方面抗拒各個不同因素引起的社會困境：

(a)幫助貧窮移民，開拓殖民地（嫩江規劃）。教會在傳教區購買很大地區的草原分配給移民（按照合同）。教會幫助移民開墾草原和建造房屋，並提供穀種和工具等物資。這樣一個全新的殖民地形成。移民就可以定居，他們有希望以勤勞的工作使生活轉為小康，或是他們安家到現有的基督徒村莊，可以做佃農或者找工作，並有免費的住宅。

(b)為無經費上學的兒童創辦小學。

(c)在孤兒院及養老院照顧幼兒和老人。

(d)疾病照料。（設立貧民醫院和施藥房進行醫療護理和接生嬰兒等服務）

(e)關懷囚犯。

維持這些社會慈善服務費用巨大，特別是在目前貨幣貶值及物價普遍上漲的情況下，歡迎協助」。

英賀福主教在齊齊哈爾教區進行的醫療和社會公益服務主要是由瑞士聖十字架修女會修女負責。彭道非會長創立瑞士白冷外方傳教會後，便邀請瑞士聖十字架修女會修女們到中國協助白冷外方傳教會傳教。之後，有140位修女自願申請來中國傳教，聖十字架修女會從中選出了24位修女。1927年10月，第一批聖十字架修女會的4位修女跟隨白冷外方傳教會派來的第三批神父來到齊齊哈爾。

瑞士聖十字架修女會是歐洲著名社會改革家、瑞士著名

教育家戴道濟・佛洛倫提神父（P.Theodosius Florentini 1808-1865）創建的。1844年10月，戴道濟神父在瑞士庫爾教區建立了一所專門培養從事教育的修女學校，創立了聖十字架修女會。1853年4月，戴道濟神父開辦了第一座醫院——「聖十字架醫院」，又在醫院附近建立一所孤兒院和救濟院，用來收容淪落街頭的孤兒和無家可歸的窮人，從此，聖十字架修女會走上了通向社會服務之路。

戴道濟神父堅信謀求人類社會福祉是天主的旨意與時代所賦予的任務，他希望聖十字架修女會修女們能以積極的入世精神適應時代的需要，勇敢地來為世人服務。聖十字架修女會培養出的修女是瑞士幼稚園、中、小學校及家政課師資的重要來源，同時，聖十字架修女會修女們還要在安養院、孤兒院和救濟院等慈善機構服務。

十九世紀後期到二十世紀初，歐洲戰事不斷，培養修女的醫務和護理技能成為聖十字架修女會修女的必修課，修女們被徵召到戰場上的野戰醫院裡救護傷員。第一次世界大戰後，聖十字架修女會的服務很快擴展到許多國家，遍佈歐洲、美洲、亞洲及非洲。

從1927年到1935年間，瑞士聖十字架修女會共向齊齊哈爾教區派駐了5批24位修女。齊齊哈爾天主堂購買了海山胡同教堂對面賢善胡同4個院落的20多間房屋作為齊齊哈爾聖十字架修女會的會所。修女們到來後，在這裡經過半年的漢語學習，適應黑龍江地區生活環境，瞭解黑龍江地區的風土人情和社會狀況，之後，修女們分別被派到拜泉、肇州和吉林大賚教徒比較集中和多的地方籌建醫療診所、藥房、孤兒院、老人院、救濟所和戒煙所等慈善機構。齊齊哈爾教區共建立了120多個天

主教公益機構，給予貧苦的病人免費醫療、施藥和護理，收養照顧孤幼兒和孤寡老人，傳授理家知識等服務。

在教會醫院和藥房裡都附設小教堂，並有男、女傳道員幫助修女向病人和病人家屬講解天主教教理知識，修女們還通過上門巡診將隨身攜帶的教義宣傳品送到病人家裡，同時也在病人家裡講解些教理知識。

近代的黑龍江地區與內地和南方相比政治文化環境相對封閉，醫療和衛生事業也長期落後內地和南方，因此，黑龍江地區當時「有一半以上的教徒第一次聽講《聖經》是在教會醫院裡」。有些病人得到免費的治療和藥品，會與教會建立起友好的關係，奉教後積極幫助進行佈道。這樣，教會的醫療事業為天主教在黑龍江地區的進一步發展提供便利。

瑞士聖十字架修女會修女們的熱心服務受到了貧苦教徒的尊敬和愛戴，在社會上也產生了很大的影響，許多的婦女帶著孩子來慕道、受洗，親切地將她們的願望講給修女們聽。不斷有人尋求幫助，修女們在宣教的同時，還給堂區婦女傳授社會思想和衛生知識，幫助漢族裹腳的婦女放腳，向她們介紹西方女性的生活，使許多信教的女性擺脫了一些落後的生活習性，開闊了視野和知識，解放了思想，不斷地從封閉的家庭中走向社會，並參與到社會服務中。

英賀福主教還在齊齊哈爾和肇州等地為吸食鴉片的煙民開設免費戒煙所，派神父們定期去監獄對犯人進行教義和道理的講解，這對黑龍江地區的社會文明、思想觀念的改觀起了極大作用，為瑞士白冷外方傳教會贏得很高的聲譽，使其傳教基礎更加穩固。

（七）英賀福主教維護黑龍江人民利益，支援江橋抗戰

「九‧一八」事變後，面對日本對黑龍江地區的侵略，英賀福主教以中立的原則履行國際公約，以人道主義的精神，堅持正義。在江橋抗戰中，配合馬占山將軍進行抗戰，以國際紅十字會主席特別身份維護齊齊哈爾人民利益，救死扶傷、保護市民和傷兵。

1931年9月18日，日本關東軍經過長期而周密的策劃，炸毀了南滿鐵路瀋陽北部柳條湖的一段路軌，藉口中國軍隊襲擊日本駐中國關東軍的守備隊，炮轟東北軍駐地北大營，佔領瀋陽城。「九‧一八」事變後，日本軍隊向吉林長春、四平和公主嶺等地發起進攻，不到一個月，日本軍隊相繼侵佔了除遼西以外的遼寧、吉林兩省30餘座大、中城市，控制了12條鐵路線。隨後日本軍隊策劃向北滿進擊，企圖先占黑龍江省府齊齊哈爾，然後再奪取哈爾濱。齊齊哈爾南部的泰來縣是由南向北進入齊齊哈爾的門戶，泰來縣的嫩江鐵路橋是進入齊齊哈爾的咽喉。

1931年10月10日，中華民國陸海空軍副司令、東北邊防司令長官張學良委任駐守黑河的馬占山將軍代理黑龍江省主席兼軍事總指揮。馬占山將軍接到任命令後，10月20日，抵達省政府齊齊哈爾就職，親自赴泰來江橋前線視察激勵守衛禦敵的將士們，調兵遣將，積極作好抵禦日本軍隊侵略的準備。

馬占山將軍來到齊齊哈爾天主堂拜會了英賀福主教，委任英賀福主教為黑龍江國際紅十字會特別主席、戰時醫院院長。

為了防止日本侵略軍飛機轟炸，馬占山將軍將黑龍江省政府各個機構重要的文件箱子存放在天主堂裡。英賀福主教在報告中寫到：「教堂院內的辦公室、學校和所有房子裡擠滿了政府的文件箱子，還有避難的紳士和官員的家屬」。

隨著日本侵略軍不斷向黑龍江逼近，大批逃亡的難民陸續湧入齊齊哈爾教區的教堂尋求保護，教會變成了難民避難所，到日本侵略軍佔領齊齊哈爾時，躲避在齊齊哈爾「教堂的難民已達一千多人」。天主教會為難民們免費提供食宿，使難民們免受了饑寒。

「為了防止城市被佔領時發生可怕的強姦婦女事件，黑龍江省政府組織志願援助代辦處，馬占山將軍請求英賀福主教安置、保護市內的婦女和女孩子」。齊齊哈爾市內的婦女和女孩子得到了教會的保護，在日軍佔領齊齊哈爾時免遭蹂躪。

江橋抗戰時，馬占山將軍設置了三道防線阻擊日軍，最後一道防線設在齊齊哈爾西南船套子一帶，英賀福主教將龍江崇修修道院的修生送回家，把所有的教室和房舍騰出來當作臨時接收和救助傷員的場所。市區內教會醫院裡住滿了傷員，「齊齊哈爾的神父和修女們都投入安置和救治工作」。

1931年11月4日凌晨，日軍的第16聯隊越過江橋，向泰來縣大興的黑龍江守衛駐軍陣地發起攻擊，遭到徐寶珍衛隊團的英勇還擊。6日，日軍在7架飛機、40餘門火炮和坦克的配合下，3000餘人到達泰來大興一線，對齊齊哈爾駐守軍隊發起新的進攻。

馬占山將軍軍隊構築的戰壕幾乎全部被日軍炮火摧毀，戰士們躍出戰壕與日軍白刃格鬥，在敵眾我寡，既無援軍，又缺彈藥的情況下，為了保存有生力量，馬占山決定放棄泰來大興陣地，退至昂昂溪的三間房二線陣地防守阻擊。

7日上午，日軍佔領泰來縣大興後，下午向湯池南的依裡巴發起進攻。8日以後，日軍因傷亡慘重亟待補充暫時停止了進攻，並急調在東北的日本精銳部隊向嫩江集合。

17日，日本侵略軍在飛機和坦克的支援下向三間房陣地發起全面進攻，19日下午，日軍以三個聯隊的兵力與正面長谷旅團全力夾擊，馬占山軍隊腹背受敵，下午3時後，日軍又增加坦克12輛，火炮30餘門，飛機12架，在馬占山軍隊防線前、左和右側三面猛攻，戰至下午6時，馬占山軍隊的苑崇谷旅已傷亡過半，馬占山軍隊的正面防線被日軍攻破。

來到黑龍江傳教後，英賀福主教和他的神父們就不斷寫文章介紹黑龍江，寄回瑞士。江橋抗戰爆發後，齊齊哈爾成為國際關注的焦點，英賀福主教每週都向瑞士發回齊齊哈爾戰況報告和照片，刊載在瑞士的報紙和雜誌上。

1931年11月20日，英賀福主教在報告稱：「昨天下午兩點日本軍隊佔領了齊齊哈爾市。中國政府的軍隊十八日失去了在昂昂溪陣地之後，18日和19日夜間開始向北撤。警察放棄了齊齊哈爾治安的維護。18日至20日，日本飛機對齊齊哈爾進行了大約20次的轟炸攻擊」。

11月19日，馬占山將軍率軍撤離齊齊哈爾時，令秘書書寫文告，委託英賀福主教以國際紅十字會主席的特別身份，在日本侵略軍進城後轉交給日軍首腦。文告申明：「兩國交兵不殺戰俘，釋放所有日軍戰俘，作為交換條件，確保無力撤離受傷士兵生命的安全。中國軍隊尊重國際公法，按國際紅十字會的準則辦事，希望日軍亦能遵守國際公法」。但日本侵略軍侵入齊齊哈爾後，11月24日，對省公立醫院（今第一醫院）、私人診所及附近卜奎大旅社裡救治的2百多負傷士兵進行了慘絕人寰的大肆屠殺。而留在修道院和教堂醫院治療的傷兵，免招了殺戮，為馬占山將軍再次舉兵抗日保存了力量。

英賀福主教還應家屬、醫務人員和市民的請求，「以國

際紅十字會主席的特別身份,與駐齊齊哈爾的日本領事清水八百一進行了長達四個小時的商談,解救了被日本侵略軍逮捕的省公立醫院院長賀福泉」,並要求保留他的院長職位。

1932年5月22日,「國聯調查團」隨員一行五人,在秘書長哈斯(M.Robert Hass)的帶領下乘飛機來到齊齊哈爾,調查嫩江之戰和日本對齊齊哈爾的侵佔。1932年5月25日,英賀福主教報告寫到:「國聯調查團在齊齊哈爾只停留一天。早上,調查團秘書長哈斯首先來到教堂拜會了我,並與我進行了長時間的會談」。「晚上,調查團秘書長哈斯和另一位專員滿科德再一次來到教堂,與我進行了長時間的交談」。英賀福主教將日本陪同的隨員拒之門外,獨自向國聯調查員介紹了日本侵佔齊齊哈爾及江橋抗戰的全部過程。之後,英賀福主教將齊齊哈爾市民委託交與國聯調查團的揭露日本侵略軍行徑的信件、收集和整理的資料交給哈斯秘書長,請他遞交給李頓團長。

先前日本侵略者以安全為由威脅和阻撓國聯調查團代表會見馬占山將軍,阻止了國聯調查團代表到齊齊哈爾調查。而英賀福主教站在中立的立場,向國聯調查員客觀地反映了黑龍江地區的真實情況和民眾的願望,得到了國聯調查團的重視。1932年10月3日,英賀福主教報告寫到:「9月28日,國聯調查團的法國代表亨利‧克勞德(General Claudel)將軍完成了調查團在中國的全部工作後,置身來到齊齊哈爾拜會我,我與亨利‧克勞德將軍進行了長談,對於目前黑龍江的現狀,齊齊哈爾天主教的境遇,交換了建議。亨利‧克勞德將軍稱讚我們教會為歐洲天主教會樹立了光輝的榜樣,令所有的人敬佩」。

英賀福主教和齊齊哈爾天主教教會在江橋抗戰中為黑龍江軍民抗擊日本侵略起了積極作用,做出了不可磨滅的貢獻,因

此，贏得了黑龍江人民的信任和尊重。

（八）英賀福主教營建聖彌勒爾大教堂

教堂是基督教傳播和活動的中心，是為彰顯上帝的榮耀而建立。英賀福主教營建的容納千人的聖彌勒爾大教堂，以其歐式的風格，宏偉、壯麗和精巧的建築而聞名於近代龍江大地上。

隨著瑞士白冷外方傳教會在齊齊哈爾傳教事業的不斷擴展，奉教的人數不斷增加，到1931年8月，華北中學建成、開學後，教堂每週日進行彌撒時，因教堂狹小學生都要分兩次進行，英賀福主教認為：學生人數還會不斷增多，必須建筑一座能容納全部學生的大教堂。

英賀福主教將擴建齊齊哈爾教堂的計劃報告給總會：「為了光榮天主，都市的教堂一定要莊嚴、雄偉，這樣才會給教外的人一個很好的印象和影響。關於擴建齊齊哈爾教堂的事宜，我們已經進行了一年的計劃和研究，現在我們周圍都建起幾層高的樓房，齊齊哈爾教堂必須是最好的傳教典範，才會與這裡的寺廟進行競爭。雖然我多年沒有辦公室，但為了能夠建築一座規模最宏大的教堂，我寧願放棄主教府的建築，請允許我的計劃」。

瑞士白冷外方傳教會總會長彭道非給予英賀福主教大力的支持，回信告訴他：「給你籌集到10萬瑞士法郎寄去，希望能夠很好地利用。齊齊哈爾建築的教堂一定要比現在其它地方的教堂都好，教堂要好對傳教事業會有極大的幫助」。

英賀福主教在回信中寫道：「聽說教會要擴建教堂，有10個不同國籍的建築公司與我商議建築教堂的事宜，建築大連教堂的日本建築公司幾次找到我，建築費用比其他公司都便宜，

但我不願意與日本人合作，我是給中國人建築的教堂，不想傷中國人的心」……「我喜歡在瀋陽的德國建築師馬科斯（Lotta Marcks）的公司，他比較認真，前兩年在齊齊哈爾設計、建築了省立圖書館和龍江旅館，建築的都很好。馬科斯不僅是一位建築家，還是一位優秀的經營者，在中國有著非常好的聲譽，他也是一位天主教徒」。

1932年4月，教堂已經開始施工，英賀福主教給總會報告寫到：「齊齊哈爾所有教友及教外各界社會名流、紳士和商人，包括市長在內都為齊齊哈爾教堂的建築進行了捐款」。

1932年11月22日，英賀福主教給總會報告談到：「留在東北的軍隊到處都在與日本軍隊戰鬥，戰爭和水災使鐵路被毀壞，建築材料無法保證供應，教堂的工程延遲了，沒有完全建好。但教堂內部裝修完成了，教堂窗戶的彩色玻璃已裝上。只可惜鐘塔和教堂外牆沒有建好。我們聖誕節時可以使用，教堂很壯麗輝煌，特別是教堂內部，令所有人都讚歎，建築工人的工作比我想像的要好」。

1933年9月，教堂鐘塔及院內主教府、神父宿舍等所有建築全部竣工。

能容納1000多人的聖彌勒爾大教堂總占地面積65,600平方米，建築面積為12,034平方米，鐘塔高43米。塔尖頂端上是高1.75米南北向的十字架，教堂給人以向上的動勢、莊嚴和神秘的氛圍。

1933年10月8日，齊齊哈爾聖彌勒爾大教堂舉行了盛大的祝聖儀式。

英賀福主教在1933年10月10日的報告寫道：「前來參加教堂祝聖禮的所有人都讚歎：齊齊哈爾大教堂是黑龍江省省府象

徵的標誌，是齊齊哈爾建築的瑰寶。願天主教繼續以它的光輝形象造福黑龍江」。

蜜蜂本意是覓食，但卻傳播了花粉。以英賀福主教為首的瑞士白冷外方傳教會的神父和聖十字架修女會的修女們，在步入黑龍江這塊沃土後，投入了全部的青春和熱情，每人都為自己起了中文名字，刻苦地學習漢語，講著一口流利的東北話。將工作服務的教區當做自己的第二故鄉，視教徒為親人，將自己融入了墾荒的貧苦移民中，與民眾建立起深厚的感情，踐行了基督精神，12位神父和4位修女奉獻出了他們年輕的生命，長眠於鬆嫩平原黑土地上。

20世紀20年代－40年代是黑龍江複雜多變的歷史時期，英賀福主教和福音使者們戰勝了戰爭、洪水和肆虐的瘟疫，以基督之愛成功地發揮了天主教的作用，促進了東西方文化的交流，推動了近代黑龍江文化發展的進程，歷史將永遠銘記。

齊齊哈爾後人以一代教育家將英賀福主教銘記在齊齊哈爾的歷史裡。今天，英賀福主教所創建的華北中學雖已不在，但華北中學培養出一屆又一屆的學生，為齊齊哈爾教育播撒下的種子，果實曾遍佈中華，成為新中國建設棟樑人才。

今天，聖彌勒爾大教堂依然完好地聳立在齊齊哈爾繁華的市中心，護佑著齊齊哈爾的民眾。作為一位基督耶穌傑出使者、一代神哲學博士，英賀福主教為黑龍江地區虔誠的祈禱聲伴隨著聖彌勒爾大教堂的鐘聲彷彿還在齊齊哈爾上空飄蕩、迴響。

聖彌勒爾教堂圖史

一、少年聰慧　敬愛天主

風景秀麗的瑞士阿爾高州

　　英賀福主教的故鄉阿爾高州是瑞士北部的行政州域，位於阿勒河下游，是瑞士第一大工業州，知名企業ABB、諾華、阿爾斯通等。西部的葡萄園盛產用於釀造白葡萄酒的雷斯靈、西蕃瑙葡萄和釀造紅葡萄酒的比諾葡萄。阿爾高奶粉傳承了特福芬的百年品質。城堡、要塞、溫泉、安靜的山谷和繁茂的汝拉森林猶如一片世外桃源。

橫貫穿阿爾高州的阿勒河

英賀福出生和童年生活的房屋

　　1899年2月9日，英賀福出生於阿爾高州威廷根鎮中心一個天主教家庭。英賀福是家裡的第四個孩子，他有兩個姐姐、兩個妹妹、一個哥哥和一個弟弟。

　　英賀福父母親都是虔誠的天主教徒，英賀福出生不久，父母親就帶他到威廷根鎮的聖·塞巴斯坦教堂接受了洗禮。

　　在父母親的影響教育下，英賀福成長為敬愛天主的虔誠少年，1911年，在阿爾高州威廷根鎮的國立小學校畢業。

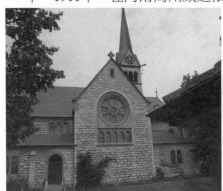

威廷根鎮聖-塞巴斯坦教堂
（St-Sebastianparish）

威廷根鎮國立小學校

12歲時的英賀福
（照片由Urs Imhof提供）

艾因西德倫修道院教堂
（Benediktinerabtei Einsiedeln）

　　1911年秋，年僅12歲的英賀福獨自來到了施維茨州艾因西德倫修道院（Benediktinerabtei Einsiedeln），在修道院中學學習。這座瑞士最古老、最有影響力的修道院中學是羅馬教廷直轄的本篤會培養聖召的法語學校。

　　英賀福在齊齊哈爾創建華北中學後，準備與艾因西德倫修道院中學形成聯合辦學的中學。

艾因西德倫修道院（Benediktinerabtei Einsiedeln）

艾因西德倫修道院始建於835年，位於瑞士施維茨州艾因西德倫鎮，教堂是中世紀歐洲最大的天主教朝聖地，以壯麗的巴洛克式建築風格的修

英賀福
施維茨州立高等學校畢業照
（照片由Urs Imhof提供）

英賀福在艾因西德倫修道院中學
（照片由Urs Imhof提供）

道院和聖母瑪利亞像聞名，一千多年來，世界各地的修女、修士絡繹不絕地前來交流學習。

1914年秋，英賀福主教進入施維茨州立高等學校學習。四年中以優異的成績修完了全部課程。

1918年夏，英賀福主教在施維茨州立高等學校通過了全部學業的考試畢業，成為一名摯愛耶穌、充滿了普世理想的青年，決定做一名優秀的福音傳播者。為追尋自己崇高理想，奔赴羅馬大學進一步研學哲學和神學。

施維茨州立高等學校

二、勤奮不倦　堅定使命

羅馬大學

　　1918年秋，英賀福主教進入羅馬大學學習，攻讀哲學和神學。

　　英賀福主教勤奮又刻苦的學習，使他精通了拉丁文、法文、英文和義大利文，加入羅馬大學青年會，並積極參加大學裡的各種學術研究。

刻苦學習的英賀福
（照片由Urs Imhof提供）

英賀福在羅馬大學
（照片由Urs Imhof提供）

　　1919年12月，英賀福主教獲得了羅馬大學哲學博士學位。

拉特蘭大教堂

　　建於西元4世紀早期的拉特蘭聖約翰大教堂（Piazza di San Giovanni in Laterano）是世界上最早的一座教堂，位居羅馬天主教教堂的首位，它是教皇的主座教堂，正式名稱為「救世主大教堂」（Basilicaofthe Savior）。

　　1922年12月22日，23歲的英賀福在拉特蘭大教堂由羅馬兩大紅衣主教Joseph Palica和Basilius Pompil祝聖晉鐸。

英賀福在拉特蘭大教堂晉鐸
（照片由Urs Imhof提供）

英賀福晉鐸禮卡（由Urs Imhof提供）

　　為慶祝晉鐸，英賀福精心製作了禮卡贈送給親人、朋友和同學，把《聖經》中最喜歡的「聖詠」分別用拉丁語、英語和德語印製在禮卡的背面：

　　　　「從塵埃裡提拔弱小的人，從糞土中舉揚窮苦的人，讓他們與貴族的人共席，也與本國的國王同位」。
　　　　　　　　　　　　　　　　──引自《聖經》聖詠1127─8節

英賀福晉鐸證書（由Urs.Imhof提供）

「證書

現在我們向所有的人證明：令人尊敬、著名的Joseph Palica大主教，在我教區的Lateran大教堂為Eugen Imhof 晉鐸進行了祝聖。Eugen Imhof是傳信部大學的學生，全部具備晉鐸的條件，在學習期間，參加了避靜、默想，學業成績優秀。經過聖教會祝聖儀式後，Eugen Imhof成為一名司鐸。

特此證明

　　　　　　　　　祝聖主教　Joseph Palica

　　　　　　　　　紅衣主教　Basilius Pompil

　　　　　　　　　羅馬傳信部

　　　　　　　　　1922年12月29日」

聖約翰拉特蘭大教堂

　　1922年聖誕節，英賀福在羅馬聖約翰拉特蘭大教堂，做了晉鐸後的第一台彌撒。

　　1923年夏，英賀福又以優異成績完成了在羅馬大學的神學學業，獲得了神學博士學位畢業。

英賀福（中右3）與同班同學畢業合影（照片由Urs Imhof提供）

英賀福朝聖（由Urs Imhof提供）

威廷根St-Sebastian教堂（前）

　　1923年7月初，在羅馬大學獲得哲學和神學雙博士學位畢業後，英賀福回到了家鄉阿爾高州的威廷根。

　　1923年7月8日，英賀福在威廷根鎮的St-Sebastian教堂為家鄉人做了第一台彌撒。

威廷根St-Sebastian教堂（後）

三、入白冷會　致力傳教

孫中山手撫《聖經》宣誓就職

辛亥革命結束了滿清王朝的統治，1912年，孫中山創建中華民國，在《中華民國約法》中規定「公民有信仰宗教自由」的法令。1918年制定的《中華民國憲法》中也有同樣的法令，這就為基督教在中國的發展提供了法律保證。

面對中國時局的變動，教皇本篤十五世也改變了對華的傳教政策：實現教會的「中國化」，大力擴大教會慈善事業，重塑教會在中國的形象，增強教會的影響力。

在羅馬大學學習時，英賀福就希望將來到中國去傳教，實現自己的普世理想，完成耶穌的使命。畢業後，來到了瑞士剛剛創建的白冷外方傳教會，做前往中國傳教的培訓和準備。

本篤十五世（1855—1922）

瑞士茵夢湖畔白冷外方傳教會（Bethlehem Mission Immensee）

位於瑞士中部茵夢湖畔的白冷外方傳教會

Preparatory Grammar School for the French Swiss at Torry near Fribourg

茵夢湖學校（摘自SMB英文年鑒）

　　瑞士白冷外方傳教會（SMB）位於瑞士中部茵夢湖畔
（Immensee），前身是瑞士白冷（Bethlehem）傳教中心。1896
年，法國薩伏依區的神父Pierre-
Marie Barral 博士，在瑞士庫爾教
區的庫斯納赫特鎮（kuessnacht）
購買了一棟房子，創辦了一所培
育傳教士的學校。

　　1905年，瑞士庫爾教區主
教Joh.Fidelis Battaglia委任主教
公署的彭道非博士（Dr. Peter
Bondolfi）為學校校長及「白冷傳
教中心」的負責人。在彭道非博
士的管理下，茵夢湖學校不斷地

彭道非博士（1872 — 1943）
（摘自SMB月刊〈Bethlehem〉）

Rebstein Preparatory School

20世紀20年代茵夢湖學校（摘自SMB英文年鑑）

發展擴大。由於瑞士沒有自己的天主教修會，學生畢業後都加入了歐洲其他國家的修會到中國傳教。為了使白冷傳教中心學校畢業的學生成為優秀的傳教士，彭道非博士決定創建致力於中國傳教的瑞士天主教修會。

1921年5月30日，在白冷傳教中心慶祝銀慶時，教皇本篤十五世批准了彭道非博士提交申請，教廷傳信部部長向白冷傳教中心頒發了本篤十五世簽發的「白冷外方傳教會」創立的令函。

The so-called Barral-House on the Simplon with the old Hospice

白冷傳教中心（摘自SMB英文年鑑）

DECREE OF FOUNDATION

of the

Missionary Society of Bethlehem

[手寫拉丁文教令]

Ut ad fidem per orbem latius propagandam etiam ex nobilissima Helvetiorum gente idonei missionarii mitti possint, opportunum visum est Institutum quod a Bethlehem nuncupatur, in loco eiusdem Curiensis Dioecesis Curiae Rhaetorum existens, quod iam pluribus abhinc annis, alumnis ac disciplina floret, in Seminarium Helveticum pro exteris missionibus erigere sub iurisdictione huius S. C. Christiano Nomini fideique propagandae.

Quo quidem super consilio, cui Episcopi Curiensis aliorumque in Helvetia Antistitum sententia enixe favet, ab infrascripto S. C. de Propaganda Fide Praefecto, facta relatione SSmo Patri Nostro Div. Prov. Papae Benedicto XV in audientia diei 19 huius mensis, Sanctitas Sua rem magnopere adprobavit, praedictamque erectionem ratam habuit et confirmavit, atque praesens ea super re Decretum edi iussit, una statuens, ut praedictum Seminarium peculiari statuto atque legibus ab hac S. C. adprobandis, in futurum regatur.

Datum Romae ex Aed. S. C. de Propaganda Fide die 30 maii an. Dni 1921.

G. M. card. van Rossum
Praef.

C. Laurenti Secr.

傳信部白冷外方傳教會創立教令（SMB檔案館7022-01）

　　「為了傳播耶穌的聖名和信德，傳信部同意瑞士建立外方傳教會。多年前，在庫爾教區的茵夢湖就已經創建了著名的培養神父聖召成效顯著的高級學校。因此，他們現在已經有能力自己派遣瑞士最優秀、最高尚的傳教士。

　　瑞士庫爾教區和其它教區都熱烈地贊成這個決定，所以我以傳信部長身份，在本月19日與教皇會晤，將這個決定呈現給教皇，神聖的教皇不但表示同意，而且高度重視，還進一步強調：要將同意的諭令批示向所有的教區發佈。要求白冷傳教會要按照教規法律制定自己的章程，制訂好章程和計劃後，交與傳信部審查驗證。

1921年5月30日於羅馬起草實行

G・M・Card van Rossum

Praefectus C・Laurenti Secretarius」

　　瑞士白冷
外方傳教會創
立後，會長彭
道非博士在盧
塞恩西北沃勒
胡森購買了一
幢樓房，1922
年創建了沃勒
胡森修道院，
這樣從茵夢湖
傳教中學畢業

沃勒胡森修道院

的學生就可以直接到沃勒胡森修道院進一步學習哲學和神學，
學成畢業後晉鐸，加入白冷外方傳教會成為傳教士。

英賀福在沃勒胡森修道院
（照片由Urs Imhof提供）

　　1923年8月，英賀福主教來
到剛剛建成的沃勒胡森修道院
實習。

　　1924年9月28日，英賀福主
教向羅馬教廷傳信部和白冷外
方傳教會立下忠誠誓言，正式
加入了瑞士白冷外方傳教會，
做為白冷外方傳教會的傳教士
到中國去創建新傳教區。

左: 司啟蒙 中：胡干普 右：英賀福
（摘自SMB英文年鑒）

1924年9月，英賀福與胡干普、司啟蒙神父被選派為瑞士白冷外方傳教會第一批到中國傳教的傳教士。

胡干普（Paul Hugentobler1893.1.7-1972.6.27）來自瑞士聖加侖州，1924年5月29日加入白冷外方傳教會。

司啟蒙（Schnetzler Gustav 1896.5.17-1972.6.9）來自瑞士阿爾高州，1921年6月6日加入白冷外方傳教會。

1924年9月28日上午9時，瑞士白冷外方傳教會會長彭道非邀請方濟各會的大主教Zelger Gabriel為第一批傳教士舉行了盛大的派遣儀式。

派遣儀式後合影
（摘自SMB月刊〈Bethlehem〉）

送別（摘自SMB英文年鑒）

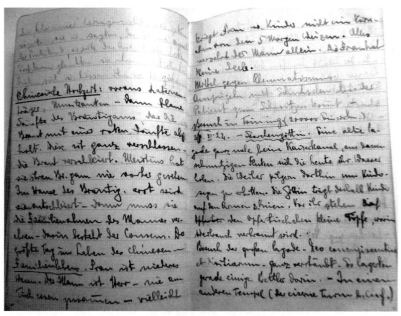

英賀福旅行日記（SMB檔案館提供）

　　第二天，白冷外方傳教會的神父、教授、修道院學生和中學樂隊演奏著樂曲到茵夢湖火車站為英賀福、胡干普和司啟蒙神父送行。

　　1924年10月1日，英賀福和胡干普、司啟蒙神父從日內瓦乘火車去法國。10月4日，在法國馬賽港乘日本郵船株式會社的客船啟程前往中國。

　　英賀福主教旅行日記記載：「我們從法國馬賽港啟程後，首先到達埃及的賽德港，穿過蘇伊士運河進入紅海、印度洋。在海上航行了10天，到達斯里蘭卡，船上的乘客還有20位從歐洲一起出發到中國傳教的男女基督教傳教士」。

Steamer passing through the Suez Canal

輪船經過蘇伊士運河

埃及賽德港（摘自SMB英文年鑑）

1924年11月2日，英賀福和胡干普、司啟蒙神父到達香港。11月4日輪船繼續向北行駛，11月5日到達上海。

1924年11月6日，英賀福和胡干普、司啟蒙神父繼續乘船北上，11月9日到達青島。

香港維多利亞港風光

20年代的香港維多利亞港
（摘自SMB月刊〈Bethlehem〉）

德國聖言會山東南境代牧區主教韓寧鎬（Mons. Augustin Henninghaus 1904年—1936年任兗州教區主教）派聖言會神父在青島港熱情地接待了英賀福、胡干普和司啟蒙神父。

20年代的山東青島港

四、聖言聖家 習熟漢語

1899年聖言會建造的兗州天主堂

　　1924年11月13日，在聖言會神父的帶領下，英賀福、胡干普和司啟蒙神父乘火車到達濟南，又從濟南繼續南下，11月14日下午到達了聖言會傳教中心山東兗州府。

在山東兗州戴莊修道院
（摘自SMB月刊〈Bethlehem〉）

　　瑞士白冷外方傳教會建立後，會長彭道非博士就與駐羅馬教廷聖言會代表商議，請在中國山東傳教的聖言會幫助白冷會首批派遣的神父們學習中國語言，瞭解中國風俗習慣，教給他們融入當地文化的經驗和方法。

　　英賀福和胡干普、司啟蒙穿著中國服飾開始在兗州戴莊神修院學習漢語和中國文學等的課程。

　　英賀福主教日記中寫到：「經常有聖言會的老神父到修院來給他

們講述在中國傳教的經歷，向他們介紹中國人的生活和風俗習慣，並教他們怎樣融入當地的文化。中國這二十年發生的許多變化，要我們進一步

克州教區主教公署

去瞭解中國，不能用歐洲的方式對待中國人。中國的語言很有意思，要瞭解和尊重中國歷史和文化，才能更好的愛他們」。

「經過半年的漢語學習，修院對我們的學習進行了檢測，考試方式是聽中國教徒告解，並用漢語回答教徒的問題」。「考試通過後，我們像小鳥一樣可以自由地去飛翔：出去上街買東西、看書，與中國人進行交流。神修院附近有許多村莊，我們到那裡去瞭解中國人的生活和風俗習慣。韓甯鎬主教讓我們做好用漢語做作彌撒的準備」。

1925年5月，白冷外方傳教會三位神父分別被派到聖言會傳教區教堂去實習，英賀福主教來到山東曹縣教堂輔助教務。

英賀福在兗州戴莊修道院
（摘自SMB月刊〈Bethlehem〉）

傅濟靈神父

1925年10月，來自德國的傅濟靈神父（Fröhling Franz 1897.1.12-1933.4.6）加入白冷外方傳教會，要求到中國來傳教，傅濟靈神父同本篤會、方濟各會及聖言會的36位神父從意大利熱那亞港出發前往中國。11月，傅濟靈神父到達兗州戴莊神修院學習漢語。

傅濟靈神父日記寫到：「傳教士是一項驕傲而又光榮的職業，離開國家對我不是一種犧牲」。

1925 年6 月，羅馬教廷駐華代表剛恒毅（Mons Celso Constantini）來到兗州教區傳教中心與韓寧鎬主教商議瑞士白冷外方傳教會傳教士未來的傳教區，認為中國東北北部的黑龍江最為適合。

剛恒毅代表看望了英賀福、胡干普和司啟蒙三位神父，拿出一張中國地圖，指著東北的黑龍江對三位神父說：「我建議羅馬傳信部將白冷外方傳教會的神父派到黑龍江去，你們願意接受我這個建議嗎」？

聖言會兗州戴莊修道院

剛恒毅（1922-1935）

三位神父說：「我們很願意」。胡干普神父說：「我想會長和同會的人知道了也會有同樣的回答。我們很清楚這是天主的旨意，我們願為傳播天主信德而犧牲生命，接受天主這樣的安排，教會和國內的學生聽到這個消息都會很高興的」。

剛恒毅代表說：「選擇第一個傳教區對白冷會是很重要的，傳教區的事情不能馬上決定，羅馬傳信部還需要與白冷傳教會會長進行商議」。

英文亞洲地圖　（SMB檔案館提供）

Kopie

S. CONGREGAZIONE " DE PROPAGANDA FIDE "

Protocollo N. 2310/25

Mentionem facias, quæso, hujus numeri in tua requisitione.
On prie de citer ce même numéro dans la réponse.

F 600.2,1

Einladung zur
Übernahme von
Heilungkiang als unsere
Mission

Roma, 7 Luglio 1925

Reverendissimo Padre.

Questa Sacra Congregazione ha ricevuto recentemente ulteriori informazioni da Mgr.Celso Costantini,Delegato Apostolico di Cina,circa il territorio dove i Missionari di cotesto Istituto di Immensèe potrebbero recarsi per esercitare il S.Ministero e venir preparando la formazione di una nuova Missione.

Mgr.Costantini ha conferito con Mgr.Henninghaus e col Superiore dei tre Padri d'Immensèe che si trovano colà;e dopo un diligente esame della questione essi sono venuti alla conclusione unanime che il primo progetto quello cioè di affidare a cotesto Istituto la provincia di Tsitsikar nella Manciuria sembra il più opportuno.

Accludo copia della lettera dove Mgr.Henninghaus riassume alcune ragioni che militano a favore di questa proposta.

Mgr.Costantini aggiunge che in Manciuria si hanno favorevoli condizioni per acquisti di proprietà perchè i terreni costano poco.

Il Superiore dei tre Padri di Immensèe sarebbe anch'egli lieto che al suo Seminario venisse affidato il territorio in parola.

Ho fiducia che anche la P.V.accetti la proposta.

In attesa di un Suo riscontro con sensi di distinta stima godo raffermarmi

di V.P.

Rev.mo P. Bondolfi
Superiore del Seminario per le Missioni

devotissimo servo

傳信部部長給彭道非會長的信函（由SMB檔案館提供）

　　1925年10月23日，羅馬教廷傳信部部長G·M·Card van Rossum寫信給彭道非會長，將黑龍江省作為白冷外方傳教會傳教區的建議通知給白冷外方傳教會。

「尊敬的會長：

　　剛恒毅代表在中國山東聖言會與白冷外方傳教會的神父們討論了未來的傳教區，大家都認為最適合白冷外方傳教會的傳教區是中國東北的黑龍江省。吉林教區主教高德惠寫信問：為什麼要讓白冷外方傳教會到東北來？剛恒毅代表回答說：原因是土地便宜。會長很希望能有自己的傳教區，傳信部相信會長能夠接受這個傳教區。

傳信部　　G·M·Card van Rossum
1925年10月23日」

S. CONGREGAZIONE " DE PROPAGANDA FIDE „　　　ROMA, 13 NOVEMBRE 1925

Prot. N. 3321/25

Mentionem facias, quaeso, huius numeri in tua responsione.

Reverendissimo Padre,

Da una lettera di V.P. in data 29 ottobre u.s. ho appre-
so che Ella, con lettera del 19 agosto del corr.anno, aveva accet-
tato per il Suo Istituto l'offerta fatta-Le da questa S.Congrega-
zione, di inviare Missionari nel Vicariato Apostolico di Kirin
nella Manciuria.

Tale lettera però non pervenne alla Propaganda, la quale,
nel dubbio se V.P.avesse accettato, non potè finora scrivere al
Vicario Apostolico di Kirin. Questi è stato messo ora al corren-
te delle cose.

Quanto poi ai dubbi che mi propone, Le significo che è im-
possibile, per il momento, far conoscere i limiti del territorio
che sarà un giorno affidato al Suo Istituto; i confini,infatti,
saranno determinati con esattezza quando la nuova Missione sarà
dichiarata autonoma e separata dal Vicariato di Kirin.

Riguardo poi ai Missionari dello Scianton, se essi non fos-
sero ancora partiti, potranno subito trasferirsi nel Vica-

REVMO P.BONDOLFI
SUPERIORE DEL SEMINARIO DI IMMENSEE
　　PER LE MISSIONI.

riato di Kirin, dove, fino a che non saranno dichiarati indi-
pendenti, eserciteranno il S.Ministero sotto la giurisdizione del
Vicario Apostolico.

Apprendo poi con dispiacere la morte del Sig.Bühler, insigne
benefattore dell'Istituto, e spero che il Signore avrà già con-
cesso al defunto il premio delle buone opere, e all'Istituto darà
altri benefattori che lo aiuteranno per predicare l'Evangelo tra
gli infedeli.

Con sensi di ben distinta stima godo raffermarmi

della P.V. REVMA

devotissimo servo

關於白冷外方傳教會傳教區令函（由SMB檔案館提供）

英賀福日記　（由SMB檔案館提供）

　　英賀福主教在日記中寫到：「我們的傳教區是黑龍江，天主的旨意讓我們未來領導這個地區，那裡奉教的人很少，河流、森林和野生動物很多。在山東一提起東北，所有的人眼睛都會發亮，山東人認為東北就向歐洲人嚮往美洲一樣。這是天主許給我們的，我們要在那裡戰鬥，我們的工作不是為了光榮我們自己，而是為了光榮天主。請所有人為我們祈禱吧」。

司啟蒙神父在信中寫到：「我們現在開始準備，英賀福神父到上海徐家匯去學習耶穌會的傳教方法，尤其是創辦學校的方法。為了適應和瞭解東北地區風俗習慣，10月14日，胡干普神父到蒙古比利時聖母聖心會去學習，聖母聖心會在那裏的傳教方式很好，聖母聖心會在蒙古地區發展得非常迅速」。

駐華宗座代表剛恒毅

傅濟靈、司啟蒙、胡干普和英賀福在吉林
（摘自SMB月刊〈Bethlehem〉）

1926年1月18日，宗座代表剛恒毅寫信給在山東聖言會的白冷外方傳教會四位神父：「我接到傳信部《關於黑龍江省作為白冷外方傳教會傳教區》的令函，白冷外方傳教會未來的傳教區是中國北部的黑龍江省，由於此時東北的天氣非常寒冷，請等到春天再啟程前往」。

1926年3月初,瑞士白冷傳教會的英賀福、胡干普、司啟蒙和傅濟靈四位神父離開山東聖言會,在青島乘船到達大連,後換乘火車經瀋陽到達吉林。

瑞士白冷外方傳教會四位神父來到巴黎外方傳教會吉林教區主教府,拜會高德惠主教,共同商議黑龍江的傳教事務。

吉林天主教堂

吉林教區主教高德惠
(摘自SMB英文年鑒)

高德惠主教對他們進行了工作安排:設立兩個傳教基地,一個是黑龍江省府齊齊哈爾,另一個是黑龍江省南部肇州長發屯。英賀福和胡干普神父負責齊齊哈爾教會,司啟蒙和傅濟靈神父負責肇州教會。

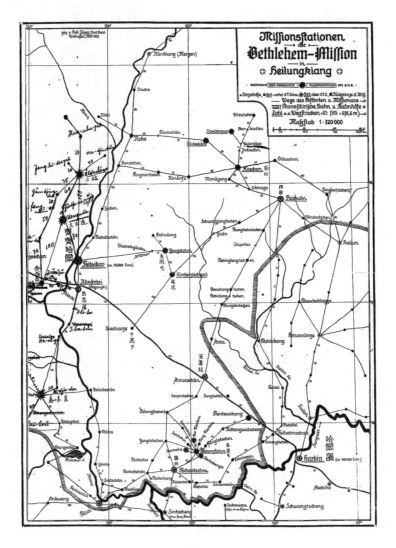

五、黑土荒原　尋覓教友

瑞士白冷外方傳教會黑龍江傳教區交通路線圖（SMB檔案館提供）
（葉榮根（Oskar Jäger）神父繪製、文字標注陸化行（Ruf Matthflus）院長）

1904年，北滿吉林教區派傳教士來到龍江縣，在今龍江縣的哈拉海鄉文固達村購買土地，建立起一座小教堂，聚攏了附近村莊奉教村民，教徒不斷發展，天主教在齊齊哈爾地區開始傳播起來。

1912年，北滿吉林教區法國籍神父師德來到齊齊哈爾，師德神父在市內公園胡同租賃了5間房屋，設立天主教堂，進行傳教，當時教堂規模比較小，佈置非常簡單，奉教信徒只有30多人，這是齊齊哈爾城內的第一座天主教堂。

丁儒吉神父
（摘自SMB英文年鑒）

1916-1926年齊齊哈爾海山胡同天主堂
（摘自SMB月刊〈Bethlehem〉）

1915年2月28日，北滿吉林教區蘭綠葉主教派中國籍神父丁儒吉來到齊齊哈爾，丁儒吉神父在市區租賃了福興店鋪做傳道場所。1916年4月20日，丁儒吉神父在市區海山胡同購買了四間平房，建起了天主教堂，丁儒吉神父是齊齊哈爾第一位中國籍天主堂神父。

1926年3月19日，英賀福和胡干普神父到達齊齊哈爾天主教堂，開始了瑞士白冷外方傳教會傳教區的創建工作。

吉林教區主教高德惠委任胡干普神父為齊齊哈爾天主教會會長。

英賀福和胡干普神父
（摘自SMB月刊
〈Bethlehem〉）

胡干普神父給瑞士白冷外方傳教會的第一份報告寫到：「齊齊哈爾教會是一層舊平房，30公尺長，40公尺寬，房內有四個房間，一間是神父居住的房間。一間是8公尺長，5公尺寬能容納20多人的小教堂，也是講道和慕道的地方。一間是廚房，旁邊還有一個小房間是兩位中國修女住的地方，也是女慕道者聽講道的地方。牆壁怕倒塌用木頭柱子支撐著，物品無處可放，情況很差。我們首要做的是找一個大一點的地方」。

胡干普神父（摘自SMB英文年鑒）

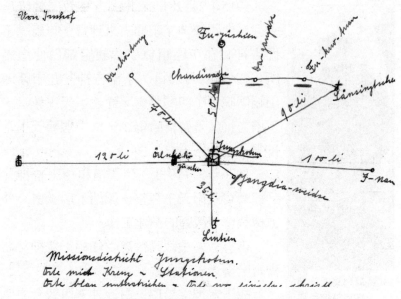

1926年英賀福繪製的以林甸永合屯為中心尋找教徒的圖示
（SMB檔案館提供）

黑龍江地區的天主教徒大多都是20世紀初從天主教傳播較
早的山東和河北逃荒闖關東來的移民，流落到不同的地方開墾
荒地、牧農，每家每戶在開墾的土地旁建築房屋，彼此居住的
距離遠而且分散。因此，白冷外方傳教會神父來到黑龍江後首
要的工作是深入各村屯去尋找分散教徒，將教徒聚集起來組建
基督教村屯。

林甸縣永合屯的墾戶多是信奉天主教的山東省移民，1918
年，齊齊哈爾天主堂的丁儒吉神父來到永合屯傳教，發現並聚
集起一些奉教村民。

1922年11月，吉林教區主教高德惠到永合屯巡察教務時，
購買了土地，籌建了五間土平房作為天主教堂。

　　1926年4月初，英賀福來到林甸永合屯時，永合屯有教徒150多人。教徒們都已經很久沒有見到過神父了，看到英賀福都非常高興。一位教徒捐出50公尺的土地給教會，希望建一座大教堂。

　　教徒們告訴英賀福：永合屯周邊還有很多奉教的家庭。英賀福以永合屯為中心騎馬去找到了許多戶天主教家庭。

英賀福找到的一戶天主教家庭
（摘自SMB英文年鑑）

英賀福在寶合屯找到的一戶天主教家庭（摘自SMB英文年鑑）

林甸永合屯天主堂（摘自SMB英文年鑒）

　　1926年5月，英賀福在林甸永合屯購買土地，在傳教區建起了第一個天主教自治村。

林甸縣永合屯教會（摘自SMB英文年鑒）

林甸縣五位奉教女孩 （摘自SMB英文年鑒）

　　英賀福騎馬來到距永合屯20公里的林甸縣城，找到了很多戶天主教家庭，在教友的幫助下購買了房子，建起小教堂，聚集起100多位教徒，成立了教會，創辦了天主堂男子小學校。兩個月後，英賀福在林甸縣又發現許多新教徒，慕道者不斷增加，此時，林甸縣教會教徒達到293人。

英賀福在林甸縣城購買的房子（摘自SMB月刊〈Bethlehem〉）

英賀福在拜泉縣
（收藏於SMB檔案館）

1926年10月，英賀福乘坐馬車來到了拜泉縣，找到了100多位教徒，教徒們熱烈地歡迎他的到來，感謝神父來看望他們，英賀福為這裡的教徒做了第一次彌撒。

英賀福在拜泉縣城購買了土地，將土地上的房子改建為教堂，成立了教會，創辦了教會男、女小學，還建起了一個醫療診所。

英賀福在拜泉縣向北兩個較遠地方又找到了100多位教徒，感覺到這裡的教徒這麼多不能沒有神父，於是，從林甸縣永合屯搬駐到拜泉縣城，管理著林甸縣城、永合屯和拜泉縣城三地教務。

到1926年底，拜泉縣教徒已達到719人。

英賀福建立的拜泉縣天主教會（摘自SMB英文年鑒）

1927年2月，英賀福從拜泉縣城往東北走了大約15個小時的路程來到了克山縣城，幾天後，他找到了100多位教徒。在克山縣城松鶴街（今西北街4委）買了一處房舍作教堂，讓教友們主日時到教堂來祈禱。

之後，英賀福繼續向北尋找教徒，一天後，到達了克山縣東北部的村屯老等窩，那裡有40位教友，一位教友捐出一塊土地建起了教堂，但是沒有神父，英賀福只好讓教友們暫時自己在教堂進行祈禱。

英賀福
在克山教堂
（摘自SMB月刊
〈Bethlehem〉）

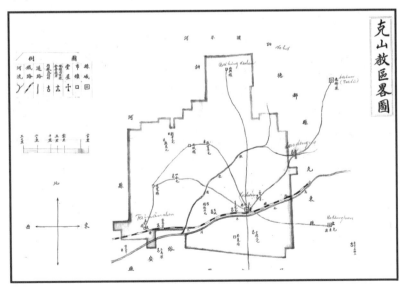

英賀福建立的克山縣教會區域圖（SMB檔案館提供）

司啟蒙和傅濟靈神父在長發屯教堂
（摘自SMB月刊〈Bethlehem〉）

1926年3月18日，司啟蒙和傅濟靈神父到達了黑龍江南部的傳教基地肇州長發屯天主堂。

早在1916年，法國巴黎外方傳教會Chevalier神父，在長發屯購買了50米寬、100米長的土地，建起了教堂，建築了圍牆。這時的長發屯有教徒450人，由中國籍的王神父在教堂主持教務。

司啟蒙和傅濟靈神父到長發屯天主堂時，教會的圍牆內，有一座小教堂、一所女子小學校和一間神父宿舍。圍牆和房舍都是泥土建築的。神父宿舍牆上糊著紙，地上鋪著木板。教會裡有四位服務的教友。3月28日，司啟蒙和傅濟靈神父在長發屯教堂做了第一台彌撒。

長發屯教堂前祭台（摘自SMB月刊〈Bethlehem〉）

　　1926年4月27日，司啟蒙和傅濟靈神父在長發屯天主堂建立了一所男子小學校。來教堂參加彌撒的教徒逐漸增多，兩個月內，70多人領洗。

　　司啟蒙和傅濟靈神父又在長發屯附近找到600多位教徒，其中肇州縣城120多人，老城子100多人，三合屯100多人，三馬架80多人。這些地方的教友都要捐獻土地建築教堂。

　　到1926年底，長發屯教會擁有教徒1395人。

肇州長發屯教會（摘自SMB月刊〈Bethlehem〉）

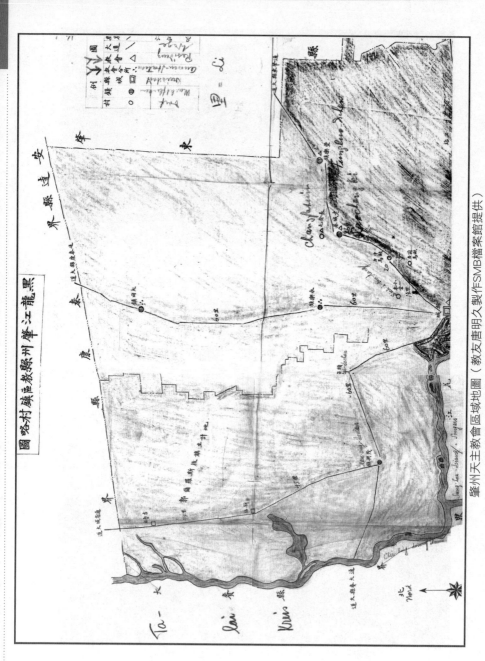

肇州天主教會區域地圖（教友唐明久製作SMB檔案館提供）

吉林教區高德惠主教
（摘自《滿洲帝國天主公教教務年鑒》1935）

　　1926年11月，高德惠主教來到黑龍江巡視教務，到肇州長發屯和林甸永合屯看望白冷傳教會的神父們，了解神父們的生活。高德惠主教在寫給羅馬教廷的工作報告中高度地評價了半年來白冷傳教會神父們的辛勤工作：「白冷傳教會神父們熱情的工作態度感動了我，半年的時間，教徒人數不斷增多，建成了四個教會」……

　　「白冷傳教會神父們來到黑龍江後，四處尋找教徒，購買土地，建立教堂。……而且，不斷地有成人受洗，還發展了許多慕道者」。

　　「目前，長發屯教會已擁有1395人，拜泉教會719人，齊齊哈爾教會752人，林甸教會293人，共計3159人。黑龍江一定會發展成一個繁榮的教區」。

英賀福尋找教徒、穿行於林甸、拜泉和克山縣的傳教歷程（摘自SMB英文年鑒）

六、神父來了 神父來了

1926年瑞士白冷傳教會
在黑龍江的6位神父
左到右：傅濟靈、英賀
福、安德普、胡干普、
郗化民和司啟蒙神父
（摘自SMB英文年鑒）

　　隨著教徒的不斷增多和教堂的建立，瑞士白冷外方傳教會從1926年起，每年都選派一批年輕的傳教士來到黑龍江。1926年6月，選派的第二批傳教士是郗化民和安德普神父。

　　郗化民（Hiltl Otto 1896.5.2—1947.3.21吉林白城子）來自德國，1923年7月31日加入瑞士白冷外方傳教會，1925年6月28日晉鐸，1926年11月，被派到林甸永合屯接替英賀福主持教務。

郗化民神父

　　安德普（Andres Louis 1899.8.22 — 1976.3.24）來自法國，1923年7月31日加入瑞士白冷外方傳教會，1925年6月28日晉鐸，1926年11月，被派到肇州長發屯教會接替傅濟靈神父主持教務。

安德普神父

左到右：石作基、和致中、陸化行
（摘自SMB英文年鑒）

三位神父在天津與漢語老師
（摘自SMB月刊〈Bethlehem〉）

　　1927年4月，瑞士白冷外方傳教會的沃勒胡森神學院第一屆會士修成，以優異的成績畢業、晉鐸。

　　1927年8月，石作基、和致中和陸化行三位神父是白冷外方傳教會選派到中國的第三批傳教士。在天津學習半年的漢語後，1928年6月，來到黑龍江省府齊齊哈爾。

　　石作基（Schildknecht Alois 1899.1.20－1988.9.28）來自瑞士聖加侖州，1923年7月31日加入白冷外方傳教會，1928年7月，到林甸天主堂主持教務。

　　和致中（Herrmann Leo 1901.12.7－1996.6.22）來自德國，1923年7月31日加入白冷外方傳教會，1928年7月，到拜泉天主堂主持教務。

　　陸化行（Ruf Matthflus 1901.10.13－1990.4.6）來自德國，1923年7月31日加入白冷外方傳教會，1928年8月，到龍江縣索伯台天主堂接替傅濟靈神父主持教務。

1928年3月，瑞士白冷外方傳教會沃勒胡森神學院5位會士修成，以優異的成績畢業、晉鐸，1928年8月，被選派到中國。

前左：沈
（Schönherr Alois 1901.6.16-1930.6.26 齊齊哈爾）來自奧地利
前右：巴樂德
（Blatter Eduard 1901.11.7-1991.4.4）來自瑞士聖加侖州
後左：洪德操
（Huser Andreas1901.12.3-1960.7.17）來自瑞士聖加侖州
後中：谷聲遠
（Küttel Julius 1900.4.10-1982.3.20）來自瑞士盧塞恩州
後右：雷猛
（Raimann Gottlieb 1898.6.12-1975.6.24）來自瑞士聖加侖州

1928年選派到黑龍江的神父
（摘自SMB月刊〈Bethlehem〉）

　　1929年8月，瑞士白冷外方傳教會沃勒胡森神學院3位會士修成畢業、晉鐸，被選派到黑龍江。

1929年選派到黑龍江的神父（摘自SMB月刊〈Bethlehem〉）
右：費道宏（Veil Patrick 1901.4.2—1988.5.18）來自德國
中：魏佑民（Weber Emil Stephan 1900.7.17—1991.2.25）來自瑞士聖加侖州
左：樂（Jörg Anton 1902.5.16—1935.5.29 黑龍江德都）來自瑞士格勞賓登州

陸化行、英賀福和1930年選派到黑龍江的神父（照片收藏於SMB檔案館）
上左至右：滿海德（Manhart Ernst 1905.3.27—1991.7.27）來自瑞士聖加侖州
　　　畢佑周（Piront Nikolaus 1895.6.18—1942.7.22 富拉爾基）來自德國
　　　孫惠眾（Senn Franz 1900.5.9—1976.8.29）來自瑞士圖爾高州
　　　王默來（Widmer August 1904.2.18—1985.4.23）來自瑞士聖加侖州
下右：皮（Pfister August 1901.2.18—1930.12.21齊齊哈爾）來自瑞士聖加侖州

1931年選派到黑龍江的神父（摘自SMB英文年鑑）
左：博施德（Bossert Friedrich 1906.1.25—1987.7.4）來自瑞士盧塞恩州
中：高福滿（Kauffmann Joachim 1903.7.28—1985.12.9）來自瑞士施威茨州
右：葉容根（Jäger Oskar 1903.3.25—1956.7.15）來自瑞士格勞賓登州

1932年選派到黑龍江的神父（摘自SMB月刊〈Bethlehem〉）
左至右：達普德（Stadler Josef 1905.2.5—1986.3.2）來自瑞士阿爾高州
陳慧群（Brantschen Johann 1903.1.28—1946.4.24 富拉爾基）來自瑞士瓦萊州
徐恩達（Hübscher Johann 1906.11.5—1936.7.19拜泉）來自瑞士阿爾高州

　　從1928年開始，每批從瑞士新選派到黑龍江的神父都先到齊齊哈爾西南船套子崇修修院進行為期半年的漢語學習。

齊齊哈爾船套子天主教崇修修院（1928-1941）（摘自SMB英文年鑒）

石作基和谷聲遠神父前往林甸教會（摘自SMB月刊〈Bethlehem〉）

新到來的神父在齊齊哈爾經過半年的漢語學習後，分別被派到教徒較多龍江、拜泉、肇州和林甸等地教會，輔助本堂神父開展教務。

年輕傳教士以堅韌不拔的使命感，在黑龍江廣袤荒野上奔馳著，克服了嚴寒、沼澤、迷路和土匪等重重磨難，踐行著基督精神。

雷猛神父前往林甸永合屯　洪德操神父前往肇州長發屯（摘自SMB英文年鑒）

陸化行神父前往索伯台教會（摘自SMB月刊〈Bethlehem〉）

畢佑周神父前
往肇州教會
（摘自SMB月刊
〈Bethlehem〉）

巴樂德神父前往拜
泉教會（摘自SMB
英文年鑒）

郗化民神父去扎棻蘭屯教會途中汽車拋錨（摘自SMB月刊〈Bethlehem〉）

達普德和谷聲遠神父騎著摩托車去在訥河教會（照片收藏於SMB檔案館）

七、修女來了　修女來了

　　從1927年到1935年，瑞士聖十字架修女會先後選派五批24位修女到中國黑龍江地區宣教。

　　聖十字架修女會是歐洲著名社會改革家、瑞士著名教育家戴道濟·佛洛倫提神父創建。

　　青年時的戴道濟加入了「嘉布遣方濟會」，修成一位知識淵博、思維清晰敏捷、擁有赤子之心胸懷和極大服務熱忱的神父，博得了大眾的歡迎和愛戴，而逐漸在瑞士名聞遐邇。

（拍攝於瑞士聖十字架修女會）

戴道濟·佛洛倫提神父
（P. Theodosius Florentini 1808-1865）
（拍攝於瑞士聖十字架修女會）

　　十九世紀中期的歐洲，戴道濟神父看到政治腐敗，政府濫權，社會制度不公，人民失業情況十分嚴重，在不合理的工廠體制之下，勞工（包括童工）受到無情地壓榨，宛若奴隸一般，民生困頓，政治上天主教會亦受到種種的壓抑，許多修院甚至遭到封閉，無力發揮應有的社會功能。戴道濟神父意識到天主旨意在考驗這個時代，決心創立一個應時代需

要具彈性功能的修女會來協助實踐他的社會理念。

　　「我願創立一個這樣的修會，它不但能適應任何地方，更能深入各種境遇，並受到各方的肯定與歡迎，能在一切有利的條件下，深入世界各地，從事服務」。因此，聖十字架修女會具聖方濟興福音精神，強調簡樸、友愛、團結與服務的宗旨，戴道濟神父的認知「時代的需要是天主的聖意」成為聖十字架修女會永遠的格言。

　　1844年10月，戴道濟神父時任瑞士庫爾教區主教座堂神父，他在瑞士阿朵夫鎮孟靜恩創辦一所女子學校，組建從事教育和醫護服務的修女會。

　　1845年7月2日，聖十字架修女會獲得庫爾教區主教的正式批准。

瑞士中部琉森湖畔英根堡

戴道濟神父又在庫爾教區開辦了第一座醫院——「聖十字架醫院」，1853年4月正式啟用，醫院設備良好，對所有民眾開放，修女們熱心、細緻的服務態度展現出修女會的不同風貌，贏得了市民高度的評價。之後，戴道濟神父又在醫院附近建立了孤兒院和救濟院，用來收容淪落街頭的孤兒和無家可歸的窮人，從此，聖十字架修女會走上了通向社會服務之路。

　　1845年的3月，從瑞士盧塞恩梅根村來的謝樂・佳林小姐加入了聖十字架修女會，女子學校不斷擴大，修女會迅速發展起來。戴道濟神父委任瑪利德蘭・謝樂修女負責學校和醫院的管理，瑪利德蘭修女成為聖十字架醫院第一任院長。

　　1855年，戴道濟神父在瑞士中部琉森湖畔的英根堡一個山丘上購得一座廢棄的農場，經修女們同心合力整修而成為聖十字架修女會母院。

　　1856年8月28日，庫爾教區主教核准英根堡聖十字架修女會成為一個獨立自治的修會。

　　1857年10月13日，英根堡聖十字架修女會舉行第一次大會，瑪利德蘭・謝樂修女被推選為首任總會長，此時，修女會擁有72位修女，50位初學生和30名後備修生。

　　在1888年前，瑪利德蘭・謝樂修女被推選為五任聖十字架修女會總會長。

瑪利德蘭・謝樂修女
Sr. Maria Theresia Scherer
（1825-1888）

聖十字架修女會會徽

聖十字架修女會會徽標誌著神修精神，即以十字架為中心，表明創會的宗旨與傳承使命所具有福音精神之涵義。其四方圖示標誌是：空氣代表生命的氣息、意識與靈感，火代表光明、能量與希望，土代表所孕育的萬物與環境，水代表生命的源泉。圖示象徵所有宇宙萬物無不包含於此四大元素的隱喻之中，而「使天上與地上的一切總歸於基督」。

瑞士英根堡聖十字架修女會

到1888年，聖十字架修女會在冊的修女共有1596位，分會397個，分佈於瑞士各地。進入二十世紀後，聖十字架修女會很快擴展到許多國家，在中歐、東歐、美國、印度和中國都建立了新分會。第二次大戰前後，聖十字架修女會遍佈歐洲、美洲、亞洲及非洲。

　　戴道濟神父堅信為人類社會謀福祉是天主的旨意和時代所賦予的任務。在他先知性的願景中，希望聖十字架修女會修女們能以積極的入世精神應時代的需要勇敢地為世人服務。

　　起初聖十字架修女會的修女基本工作是從事教育，修女們成為瑞士幼稚園、中小學校及家政課師資的重要來源，同時，除此之外，修女們還要在安養院、孤兒院和救濟院等慈善機構服務。

　　十九世紀末二十世紀初，歐洲戰事不斷，醫務護理又成為英根堡修女們的必修課，修女們被徵召到戰場上的野戰醫院救護傷員，戰後各種傳染病蔓延，戰爭、照顧傳染病患者使許多修女獻出了生命。

聖十字架修女會今天風貌

聖十字架修女會墓園

從1908 年開始，聖十字架修女會開始與茵夢湖的白冷傳教中心合作，白冷外方傳教會創立後，彭道非會長便邀請聖十字架修女會修女們到中國協助白冷傳教會神父傳教。

1922 年6月6日，聖十字架修女會會長特蕾西婭・貝克（Theresia Beck）向聖十字架修會女修女們發出通告：「羅馬傳信部要交給我們的傳教區將會是白冷外方傳教會在中國的傳教區。所以，

Theresia Beck會長
（1921-1933）
（拍攝於聖十字架修女會）

幾年之後，我們必須要派姐妹們到中國去服務」。

1926 年 1 月，特蕾西婭會長向聖十字架修女會修女們發出了報名到中國服務的函告，140位修女報名，聖十字架修女會從中選出了第一批四位修女。

1927年聖十字架修女會選派到黑龍江的第一批修女（摘自SMB英文年鑒）
左→右：布汝立（Theobalda Br hl）孟淑貞（Moderata Zwicker）
費西德（Alana Fiechter）達靜宜（Dafrosa Imhof）

1927年派到黑龍江的第一批修女和
三位神父（摘自SMB英文年鑒）

1927年8月21日，聖十字架修女會舉行了隆重派遣儀式。四位修女跟隨白冷傳教會和致中、石作基和陸化行神父一起前往中國，他們從義大利熱那亞啟程沿海路前往中國。1927年10月16日，在布汝立修女帶領下，四位修女到達黑龍江省府齊齊哈爾。

1928年10月，聖十字架修女會選派的第二批四位修女與白冷傳教會五位神父一起來到齊齊哈爾。

1928年派到黑龍江的第二批修女和五位神父（摘自SMB月刊〈Bethlehem〉）
左→右：馬潔貞（Ancilla Marichel）賴次芽Archangela Lecka）
思靜貞（Arilda Hess）榮雅範（Franziska M Jung）

1929年和1931年，聖十字架修女會選派了兩批8位修女先後來到齊齊哈爾。

1931年選派的4位修女
（照片聖十字架修會檔案館提供）
前：林鶴仙（Aquilina Limacher）
後左至右：
孟蘊范（Blandina Zwicker）
劉靜範（Sophie Kral）
王潤清（Sekundia Treier）

1933年聖十字架修女會選派的五位修女（摘自SMB英文年鑒）
左→右：蘇倫理（Ida Survanji） 馬瑞師（Elfrieda Mares）費絲來（Benigna Fässler）狄弟樂（Georgina Dittler）徐芝柏（Lima Sulzbacher）

齊齊哈爾聖十字架修女會的小教堂
（摘自SMB英文年鑒）

　　瑞士聖十字架修女會修女們在齊齊哈爾天主堂對面的賢善胡同院落建立了天主教齊齊哈爾聖十字架修女會，由布汝立擔當會長（1927—1935年），修女們將院內的房子一間擴充作教堂，一間作修女宿舍兼作廚房、餐廳，一間作藥房和診療所。費西德負責後勤、總務，孟淑貞為護士，達靜宜為醫師，負責籌備藥房和診療所。

齊齊哈爾聖十字架修女會（照片聖十字架修女會檔案館提供）

修女們在藥房學習漢語（照片由聖十字架修女會檔案館提供）

　　修女們一邊學習漢語一邊適應新的生活環境，瞭解齊齊哈爾地區的風土人情和社會狀況，經過半年的漢語學習和準備工作，修女們積累了未來傳福工作的一些具體經驗。

修女們邊工作邊學習漢語（摘自SMB英文年鑒）

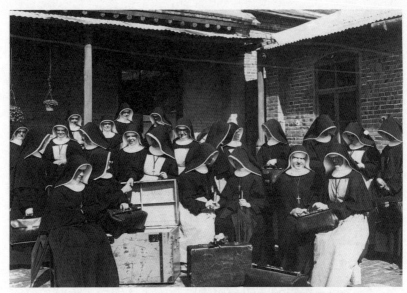

24位修女在齊齊哈爾修女會（由聖十字架修女會檔案館提供）

　　修女們來到傳教區後，各地神父都請求修女來堂區建立醫療和救濟服務機構。一批批修女被派到拜泉、肇州和白城子等地建立藥房，開設診所，組建社會服務機構。

修女們坐著馬車長途跋涉到達各地教會（照片由聖十字架修女會檔案館提供）

八、省府卜奎　創建教區

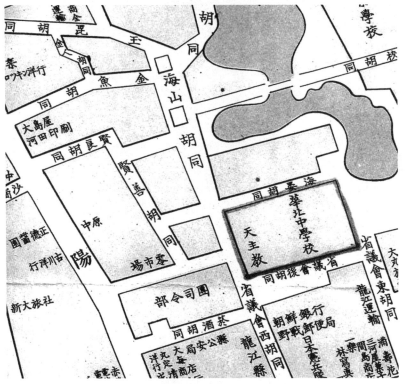

〈齊齊哈爾市街案（道）內地圖〉截圖
1934年日本《每日新聞》發行（收藏於SMB檔案館）

　　1926年，胡干普神父將齊齊哈爾海山胡同天主堂4間泥草房擴建成一個廣闊院落，北面是能容納300多教徒的天主堂，中間是齊齊哈爾天主教教會及神父宿舍、辦公室，南面是男子小修院和男女小學校。

　　據1932年貝克曼博士撰寫的《黑龍江》記載：從1926年3月到1928年7月，瑞士白冷外方傳教會的神父們在齊齊哈爾、昂昂溪，龍江縣索伯台和文固達，林甸縣和永合屯，拜泉縣、

1927年—1931年齊齊哈爾天主堂（摘自SMB英文年鑒）

1927年齊齊哈爾天主教會購買對面賢善胡同的4個院落
（摘自SMB月刊〈Bethlehem〉）

克山縣、甘南縣、肇州縣長發屯、老城子、豐樂鎮和吉林省大賽等地區籌建了13座教堂，成立了教會，創辦教會男、女小學校。

聖十字架修女會修女到來後，進一步完善了教會機構，省府齊齊哈爾成為傳教中心，林甸永合屯、肇州長發屯和龍江文古達村形成了以教堂為中心的基督教村屯。

1928年7月，傳教區教徒人數達11814人，奠定了黑龍江傳教區的基礎。

1928年7月2日，羅馬教廷傳信部部長將教皇比約十一世建立齊齊哈爾教區的教令下達給瑞士白冷外方傳教會會長彭道非博士。

黑龍江
HEI
LUNG
KIANG

IM LANDE
DES SCHWARZEN DRACHEN

Pe4082
Miss.haus
Bethlehem
Immensee

HEILUNGKIANG

Land – Leute – Mission

von

Dr. JOHANNES BECKMANN. S. M. B.

1932

Verlag des Missionshauses Bethlehem, Immensee (Schweiz)

貝克曼《黑龍江》

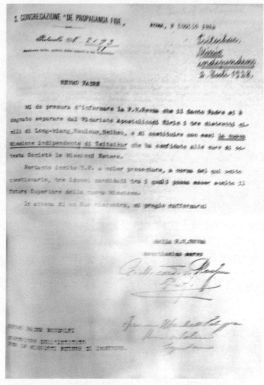

羅馬教廷傳信部文件（文件由SMB檔案館提供）

「尊敬的神父：

我力爭儘快地告訴總會長，教皇將吉林代牧教區劃出三個地區給你的傳教會，使龍江、呼倫和黑河三個地區變成一個新獨立的傳教區——齊齊哈爾教區。

齊齊哈爾教區從現在起由你們傳教會負責。因此，我請你按照文件的要求向你的會士轉達教廷的建議：在傳教區的會士中，選擇三位有能力、認真、踏實的候選人，我們從三位候選人中選擇一位新教區區長。

耶穌虔誠的僕人

傳信部部長G・M・Card van Rossum Praefectus

1928年7月2日」

天主教齊齊哈爾教區統轄區（摘自SMB英文年鑒）

　　1928年7月9日，天主教齊齊哈爾教區正式建立，從此，齊齊哈爾教區成為瑞士白冷外方傳教會第一個獨立傳教區。

　　按著羅馬教廷的規定，以通肯河為界與吉林教區分開，齊齊哈爾教區所統轄區域：東起拜泉，西至滿洲里，南接肇東、吉林白城子，北抵嫩江、黑河。

Candidatus *Primus.* *Hugentobler [?]*

Nomen Cognomen, aetas, patria *Imhof Eugenius, 30. ex Helvetia Wettingen Aargau*

Natua a parentibus catholicis et spectatae vitae et est legitimis natalibus. *est.*

Juaenam Dioecesis originis? *Basel*
Juinam Dioecesi in praesens addictus? *Missionis Kerlung Kiang*

Jinam humanioribus litteris ,studiis philosophicis et theologicis ucaverit? *Einsiedeln, Schwyz; Rom, Colleg Prop. fide.*

uo profectu? *optimo.*

I gradus assecutus fuerit et quos? *Doctoratum S. Theologiae nec non Philosophiae*

Ji et quando sacros ordines susceperit ? *Romae 1922.² Septem ordines.*

I et quando in Institutum religiosum an ingressus fuerit? *1923*

I Missionem ingressus est anno: *1924 Nov. venit ad Sinas.*

uam vivendi rationem inde ab initio ibi tenuerit? *Dedit exemplum optimum.*

Ji antea sacrum ministerium vel officium ecclesiasticum Jiverit et quo successu ? *Non ministr., excluso sequenti:*

I Professor exstiterit et cuius disciplinae ? *Brevi tempore fuit Professor Theologiae Moralis, Wolhusen.*

n et ubi missiones sacras obiverit et quam in eis experien-iam obtinerit? *fuit Missionarius in Linhsien Junghien Taichnan, est nunc Rector Probatorii Tritsikar ubique optimo successo et zelo animarum*

Quot linguas calleat et quas? *a. germanicam c. anglicam; b. gallicam d. sinicam c. italicam d. latinam*

n semper sanam doctrinam professus sit et debitam reverentiam t submissionem erga S.Sedem eiusque decisiones et instructiones imun ostenderit? *Nihil audivi erroneae doctrinae. Quo ad reverentiam et submissionem erga S. Sedem non solum videtur adesse gradus communis sed spiritu graecdam, vitae facilis*

An eniteat Spiritu pietatis, *tradat talis actus. certe.*

zelo animarum—

liberalitate erga pauperes et causas pias, *Enitet tali modo sicuti exigunt circumstantiae in loco Missionum*

選舉齊齊哈爾教區長和主教20題問卷（由SMB檔案館提供）

Candidatus *primus* .　　　Fol. II.

14. Quam prudentiam exhibuerit in deliberationibus et
agendi ratione ? *Exhibuit ...... prudentiam
in deliberationibus, quod demonstrat
cognitionem valde bonam morum et cordium
...*

15. Utrum sit propositi tenax sine pertinacia ? *Habet firmitatem
sed est tamen
paratus ad accipiendum*
An ingenio mutabilis? *...... consilium .
non reperi talem defectum in maiori parte mortalium.*

16. Num gaudeat fama honestatis ? *Gaudet bona fama.*
An fuerit in eo unquam quid contra mores? *Non fuit quia*

17. An sit corpore sanus . *Est sanus quidem .... mores
patiens est, et potest irasci quod est valde neces-
sarium in quibusdam circumstantiis.*
Nullaque quae sciatur hereditaria mentis aut corporis
infirmitate labefactetur? *Nihil mihi innotescit*

18. An in administratione rerum temporalium sit versatus
Est bene versatus.
Unde hoc arguatur? *Arguitur ex eo quod administravit plures
ecclesias optimo ordine .*

19. An in exercendis sacerdotalibus muniis sit attentus,
compositus cum aedificatione . *Est attentus et compositus.*

An sit rubricarum studiosus observator? *observat Rubricas .*

20. An habitu ,gestu incessu prae se ferat gravitatem ac
religionem? *Ex habitu, gestu, incessu, sermone
etc. satis elucescunt virtutes religionis*
An sermone aliisque omnibus? *et gravitatis .*

選舉齊齊哈爾教區長和主教20題問卷（由SMB檔案館提供）

　　齊齊哈爾教區成立後，按照羅馬教廷要求：1928年前來到
齊齊哈爾教區的傳教士進行民主投票選舉教區長。

「1、提名：

2、是否出生於天主教家庭？是已婚還是未婚家庭出生？

3、家庭先前和現在是屬於哪個教區的？

4、在哪所中學和大學畢業的？

5、畢業成績如何？有何學位？

6、什麼時間晉鐸的？什麼時間加入白冷外方傳教會的？

7、什麼時間來到中國傳教區的？在傳教區的工作和生活
　　表現如何？

8、在到中國傳教區前從事什麼工作？

9、做過教育和教學工作嗎？教授過什麼課程？

10、現在在傳教區從事哪些工作？工作成果如何？

11、能夠講哪些語言？

12、在宗教要理方面怎樣？是否尊重教宗的態度和指令？

13、對天主虔誠嗎？對教友熱心嗎？對慈善活動慷慨嗎？

14、處理問題和講話時是否謹慎？是否很有智慧？

15、對待分配的工作是否積極執著？

16、大家認為該人誠實嗎？有人提到過該人錯誤的事情
　　嗎？

17、身體狀況如何？是否有遺傳疾病？有耐心嗎？

18、在處理宗教以外問題方面如何？有哪些事例？

19、在聖事彌撒上是否遵守教規、集中精神？

20、生活態度是否積極？講道時是否嚴肅、認真？」

1928年在齊齊哈爾教區白冷外方傳教會14位神父（照片由SMB檔案館提供）

瑞士白冷外方傳教會將選票最多的英賀福、胡干普和郗化民三位神父上報給羅馬教廷。1929年4月28日，羅馬教廷下達了委任英賀福神父為齊齊哈爾傳教區區長的任命函。

祝聖英賀福榮任教區區長（照片由SMB檔案館提供）

聖彌勒爾教堂圖史

E. Imhof als Superior der Missio independens.

Kopie.　　　　No.1　　　　　　　　　　　25.V.29.

Venerabilibus Confratribus et collaboratoribus
in vinea Domini salutem in Domino.

Inscrutabili Dei Providentia et ac S.Congregationis de Propaganda Fide Decreto ad regimen Missionis nostrae de Tsitsihar vocatus, humiliter quidem, sed confidenter huic muneri humeros meos suppono. Grave hoc officium (sicut monet Exodus Delegatus Ap.) magis uti onus quam honor accipio. Vocat enim S.Mater non ad gaudia temporalia, sed ad magna certamina, non ad requiem, sed ad ferendum fructum multum in patientia. Terret me illud S.Spiritus:"Judicium durissimum his qui praesunt, fiet (Sap.VI.6) et illud:"Interdum dominatur homo homini in malum suum (Eccl.VIII,9)". Quapropter obsecro vos, fratres carissimi, per viscera Christi, ut habeatis me abundantius in caritate propter opus meum, orationes facientes sine intermissione pro me, ut congrue et sapienter fungar officio meo gravissimo.

Suscipiens igitur regimen Missionis plene confido in orationibus et laboribus vestris. Laboremus sicut boni milites Xi, ut serventur, qui nostro petinent ovili.
Non sufficit autem, ut Christiani vitam habeant et abundantius habeant: primarius Missionariorum finis est ecclesiam nova prole succrescere et Dei regnum inter gentes propagare, ut liberentur a servitute corruptionis in libertatem filiorum Dei.
Ut igitur opus tam divinum rite perficere possimus, maxime infdigemus auxilio et gratia Dei. Propterea rogo RR.Confratres, ut proximo festo Sd.Cordis Jesu nos totumque nostram regionem demo.consecrent Cordi Divino, adhibentes formulam hisce litteris alligatam.
Nihil revera mihi suavius et jucundius quam, veluti primus potestatis mihi tributae gustum, debitas tribuere laudes Dulcissimo Illi Cordi, quod fons est vitae et sanctitatis, ejusque implorare auxilia.
Omnia quaecumque sancta et jucunda de Coelo Vobis adprecans,
remaneo

addictissimus vester in Domino

Datum in Tsitsihar, die XXV.Maii 1929

sig. Dr.Eug.Imhof,
Sup.Mis.

Das eigentliche Dokument der Ernennung von Eugen Imhof als Obern der Unabhängigen Mission (1929) scheint im Archiv zu fehlen.
A. Schildknecht.

英賀福就職書（文件由SMB檔案館提供）

100

1929年5月25日，英賀福神父向瑞士白冷傳教會的神父們發表就職感言：

「我可敬的在天主葡萄園工作的同會同伴們，我在這兒向你們表示問候。

天主的安排和聖教會的旨意，委派我領導我們的第一個傳教區--齊齊哈爾教區，為此我感到驕傲和自豪，我有信心肩負這個重任。我認為這項工作是比榮譽更重要的任務。聖教會委任我的不是普通的喜樂，而是一場巨大的戰鬥。不是享樂，而是播種果實。

聖神的話使我感到惶恐：「享有領導地位的人，天主對他們的判決是嚴厲的。人統治人，這不是好的事情」。（《舊約》）

以耶穌的名義，我懇求你們，我可愛的兄弟們，不要因我的工作而愛我，要為我不斷地祈禱，使我更好地去完成這項重要任務。作為傳教區的區長，我必須依靠你們的祈禱和合作。我們作為耶穌優秀的戰士，要共同努力拯救屬於我們的羊群。

我們工作的重要性不僅要使教友們有豐富的生活，還要使聖教會有更多的羊群，進一步擴展天主的國，使羊群從束縛中解放出來，到天主的國中成為自由的兒女是我們傳教士的共同目標。為完成神聖的使命，我們特別需要天主的恩寵和援助。因此，我請求同會的神父們在「聖心節」時，把我們和傳教區都託付給耶穌聖心。

我用這封信和附著的經文愉快地接受這項工作，我特別喜歡讚美耶穌的聖心，耶穌的聖心是我生活的動力和源泉。

我祝願你們的神聖事業，在天主的國裡充滿喜樂。主內最虔誠的兄弟。

英賀福（Eugen Imhof）
1929年5月25日」

彭道非會長與巴黎外方傳教會Superior General會長來到齊齊哈爾教會
（照片由SMB檔案館提供）

　　1929年6月21日，瑞士白冷外方傳教會會長彭道非博士與巴黎外方傳教會會長光大主教在吉林教區主教高德惠的陪同下對齊齊哈爾教區進行重要訪問，祝賀天主教齊齊哈爾教區正式成立，祝聖英賀福博士榮任齊齊哈爾教區區長。

（左至右）高德惠主教、彭道非會長、光大主教在齊齊哈爾教會
（摘自SMB英文年鑒）

彭道非會長與齊齊哈爾教區13位神父（摘自SMB月刊〈Bethlehem〉）

　　經過近兩個月的訪問和視察，彭道非會長進一步深入瞭解了黑龍江傳教區神父們生活和工作的實際情況，與英賀福共同探討和研究了教區未來的發展計劃。

彭道非、英賀福、陸化行與谷聲遠神父在索伯台教會
（摘自SMB月刊〈Bethlehem〉）

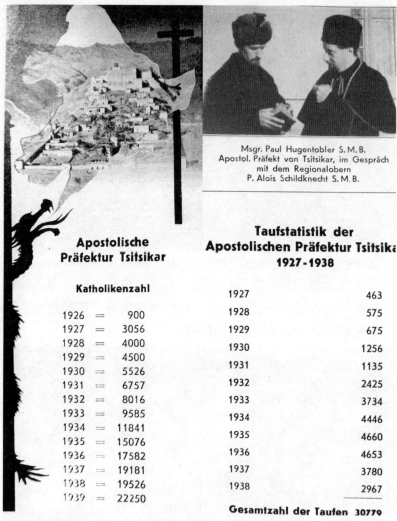

Msgr. Paul Hugentobler S. M. B.
Apostol. Präfekt von Tsitsikar, im Gespräch
mit dem Regionalobern
P. Alois Schildknecht S. M. B.

Apostolische Präfektur Tsitsikar

Katholikenzahl

Jahr		Zahl
1926	=	900
1927	=	3056
1928	=	4000
1929	=	4500
1930	=	5526
1931	=	6757
1932	=	8016
1933	=	9585
1934	=	11841
1935	=	15076
1936	=	17582
1937	=	19181
1938	=	19526
1939	=	22250

Taufstatistik der Apostolischen Präfektur Tsitsika 1927-1938

Jahr	Zahl
1927	463
1928	575
1929	675
1930	1256
1931	1135
1932	2425
1933	3734
1934	4446
1935	4660
1936	4653
1937	3780
1938	2967

Gesamtzahl der Taufen 30779

齊齊哈爾監牧教區天主教徒和受洗者數據（摘自SMB月刊〈Bethlehem〉）

Statiſtik der Apoſtoliſchen Präfektur Tſitſikar

Fortſchritt der Miſſionsarbeit vom Sommer 1930 bis Januar 1934.

Ausdehnung des Miſſionsgebietes 500 000 km² Einwohnerzahl ungefähr 5 Millionen	1930	1933	Zunahme
Anzahl der Katholiken	5526	9585	4059
Katechumenen	1121	12563	11442
Miſſionsperſonal			
Prieſter der Miſſionsgeſellſchaft	17	28	11
Schweſtern von Ingenbohl	12	21	9
Katechiſten	17	76	59
Katechiſtinnen	16	46	30
Lehrer	25	105	80
Lehrerinnen	20	38	18
Miſſionswerke			
Zentralſtationen mit wenigſtens einem Prieſter .	13	25	12
Außenſtationen ohne ſtändigen Prieſter	64	143	79
Seminar zur Heranbildung eines einheimiſchen Klerus	1	1	0
Seminariſten	30	56	26
Einheimiſche Schweſtern (Poſtulantinnen . . .	0	43	43
Studenten des Gymnaſiums St. Michael . . .	0	245	245
Schülerinnen der höheren Töchterſchule St. Maria .	0	162	162
Katechiſtenſchule	0	1	1
Schüler der Katechiſtenſchule	0	20	20
Primarſchulen	18	57	39
Primarſchüler und -ſchülerinnen	646	2877	2231
Gebetsſchulen (Katechismusſchulen)	27	103	76
Schüler der Gebetsſchulen	509	3145	2636
Katechumenate	12	37	25
Krankenhäuſer	1	5	4
Apotheken	3	7	4
Krankenbehandlungen	20156	47398	27242
Sakramentenſpendung			
Taufen: Erwachſene	359	1769	1410
Erwachſene in Todesgefahr	142	584	442
Kinder von Chriſten	242	681	439
Kinder von Heiden in Todesgefahr . .	513	700	187
Geſamttaufen	1256	3734	2478
Firmungen	509	1271	762
Beichten	30033	72200	42177
Kommunionen	63153	172430	109272
Hl. Ölungen	91	213	122
Ehen	48	104	56
Exerzitien	3	10	7
Exerzitienteilnehmer	70	380	310

Die Miſſion hat im laufenden Berichtsjahr 1934 einen weiteren Zuwachs zu verzeichnen. Es liegen erſt die Angaben über Chriſten und Katechumenen vor. Die Geſamtzahl der Chriſten ſtieg vom Sommer 1933 bis zum Sommer 1934 auf 11 374, die Geſamtzahl der Katechumenen auf 13 064.

1930年－1934年齊齊哈爾教區建立的各項事業數據
（摘自SMB月刊〈Bethlehem〉）

齊齊哈爾教區教會分佈圖 （摘自SMB〈Die Rote Nacht〉）

1926年—1947年齊齊哈爾教區使用的名章

1926年—1930年

1934年—1947年

1931年—1933年

（由SMB檔案館提供）

九、戰勝病魔 榮任主教

沈神父

1930年春，齊齊哈爾地區大肆流行傷寒病疫情，剛剛來到齊齊哈爾教區的沈神父、皮神父和英賀福主教先後受到傳染。

沈神父在船套子崇修修道院完成漢語學習後，在齊齊哈爾教堂輔助教務，1930年5月末，患傷寒，1930年6月26日去逝，年僅29歲。

皮神父

1930年10月，皮神父來到船套子崇修修道院學習漢語，11月傳染上傷寒，1930年12月21日去逝，年僅也29歲。

齊齊哈爾天主教會在船套子崇修修道院內為沈神父和皮神父修建了墓園，兩位年輕神父

龍江崇修修院內墓園 （摘自SMB英文年鑒）

從此長眠於齊齊哈爾的嫩江江畔。

病癒後英賀福（照片由Urs mhof提供）

1930年12月15日，身體健壯的英賀福也被傳染上了傷寒，到聖誕節時病情愈加嚴重。12月30日，胡干普神父寫信給彭道非會長和英賀福的母親，告訴他們「英賀福聖誕節前被傳染上傷寒，現在病情很嚴重，很危險」。

新年過後，在教區神父和教友們的祈禱中，在修女們精心治療和護理下，英賀福奇蹟般地從多日的昏迷中醒來，1931年1月18日，英賀福病情開始逐漸好轉，到4月份身體得以恢復。大病痊癒後的英賀福對所有人都說：「是天主給了我第二次生命」。

1931年8月17日，齊齊哈爾教區收到了喜訊：教皇比約十一世向中國教區發佈了《關於齊齊哈爾教區晉升為監牧教區》的諭函。

教皇比約十一世徽章

PIVS PP. XI

Ad futuram rei memoriam. Ex hac Divi Petri Cathedra, quam obtinemus divinitus, in omnes ca-
tholici orbis regiones longinquam e sublimi specula oculos mentis Nostrae convertimus; potissimum, in illis quae longo terrarum maris-
que spatio ab hac christiani nominis centro dissociantur, et quae ibidem religionis incremento et rei sacrae procurationi melius experdiun-
dae peropportunae magis videantur. Nobis, nulla interposita mora, exequi instaveramus. Hoc isti consilio, cum, e Missio sui iu-
ris seu independens de Tsitsikar in Sinis curis Societatis Missionum Exterarum de Bethlehem in Helvetia concredita, Iesohibus annis
amphora incrementa feliciter susciperit, et eiusdem filios praenuntiatae Societatis Bosdarius Superior Nos ente, flagitavit act-
Zius amimorum bonum, ut eadem Missio sui iuris seu independens ad gradum Praefecturae Apostolicae per Nos evehatur, Usi officio
etisber concredendum ultro libenterque existimavimus. Quae cum ita sint, enixis consiliis cum Venerabilibus Fratribus Nostris San-
ctae Romanae Ecclesiae Cardinalibus negotiis Propagandae Fidei praepositis, ex prae oculis habitis tum testimoniis de apostoiicis
ope ribus Dei orectis vel auctis et Missionalibus praefatis tum favorabilis suffragiis Venerabilis Fratris Celsi Costantini, Delegati Aposto-
litii Nostri in Sinis, motu proprio atque ex certa scientia et matura deliberatione Nostri atque Apostolicae potestatis plenitudine, prae-
sentium Literarum tenore, Missionem sui iuris seu independentem de Tsitsikar in Sinis ad amphorem dignitatem Praefecturae
Apostolicae evehimus; eandemque novam Praefecturam sic per Nor erectam ad Nostrum et Sanctae huius Sedis beneplacitum
curis Sacerdotum laudatae Societatis Missionum Exterarum de Bethlehem in Helvetia committimus. Haec largimur, decernentes praesen-
tes Literas firmas validas atque efficaces iugiter extare ac permonera; suosque plenos atque integros effectus sortiri atque of-
tinere; illisque ad quos pertinent sive pertinere poterunt, nunc et in posterum, amplissime suffragari, sique rite iudicandum
esse ac definiendum, irritumque ex nunc et inane fieri, si quidquam secus super his a quovis, auctoritate quaulibet, scienter sive ignor-
ranter attentari contigerit. Non obstantibus contrariis quibuscumque. Datum Romae, apud Sanctum Petrum, sub annulo Piscatoris, die
XVIII m. Augusti, an. MCMXXXI, Pontificatus Nostri (Decimo.

比約十一世諭函（文件由SMB檔案館提供）

「各代牧區、監牧區、主教區的主教們：

永遠不要忘記，聖彼得的寶座像一面鏡子，讓我們從中看到全世界的信友，特別關注到相距很遠的海洋和國家。我們用各種方法努力使福音得到傳播和發展。

傳信部委託給瑞士白冷外方傳教會的傳教區發展得非常迅速、興盛，白冷外方傳教會總會長懇切請求羅馬教廷提升齊齊哈爾教區的級別和地位。白冷外方傳教會總會長的願望不是很高，我們很願意積極主動實現白冷

比約十一世（摘自《滿洲帝國天主公教教務年鑒》1935年）

外方傳教會的願望，經過討論，駐中國代表剛恒毅大使和傳信部所有的官員都贊同。

我知曉齊齊哈爾教區神父們所取得的一切工作成績。因此，現在用我們的權力，將先前齊齊哈爾獨立的教區提升為監牧教區，我們把新建立的監牧教區繼續託付給瑞士白冷外方傳教會管理。

此公告是公正、有效的，它現在將發揮更大的作用。我也希望所有閱讀此公告的人幫助他們。任何人不用懷疑它的真實性，如有教區反對是無效的。

於羅馬發佈

1931年8月17日」

（比約十一世徽章）　Pius pp. XII

Eugen Imhof
Apostol. Präfekt
11. Jan. 1932.

Prot. N. 46
1932

SACRA CONGREGATIO DE PROPAGANDA FIDE

Decretum.

Sacra Congregatio de Propaganda Fide, vigore facultatum sibi a Sanctissimo Domino Nostro ------ P i o ----- Providentia divina Papa XI° tributarum, spirituali regimini providere cupiens PRAEFECTURAE APOSTOLICAE de TSITSIHAR (seu Tsitsikar) in Manciuria per praesens Decretum ad suum beneplacitum PRAEFECTUM APOSTOLICUM renunciavit

R. P. D. E U G E N I U M I M H O F , sodalem Societatis Missionum Exterarum de Bethlehem in Helvetia,

cum auctoritate ea exercendi quae ad eiusdem Praefecturae gubernium pertinent, iuxta praescripta Sacrorum Canonum, necnon peculiarium Instructionum huius Sacrae Congregationis, et intra limites Facultatum, quae in folio huic Decreto adnexo exhibentur.

Datum Romae, ex Aedibus Sacrae Congregationis de Propaganda Fide, die 11ᵃ Januarii 1932.

G. M. Card. van Rossum
Praef.

+ Carolus Salotti
Arch.tit.Philipp.
Secr.

委任英賀福為齊齊哈爾監牧教區主教令函（文件由SMB檔案館提供）

1932年1月11日，羅馬教廷傳信部向中國各個傳教區發佈敕諭，正式委任英賀福教區長為齊齊哈爾監牧教區主教：

英賀福主教像1932年拍攝於齊齊哈爾江省鼎章美術照相社（由Urs.Imhof提供）

「傳佈信仰聖部敕諭

　　傳信部接到教皇比約十一世賦予的權力，為了領導中國東北齊齊哈爾監牧教區神聖的牧靈工作，傳信部通過這個公函任命：

　　瑞士白冷外方傳教會神父英賀福博士為監牧教區主教，他擁有管理教區的一切權力，但要遵守聖教會的一切法令，全身心地奉行傳信部的旨意，遵守敕諭公告所附帶的一切條文規則。

　　於羅馬傳信部高級辦公廳1932年1月11日

　　　　　　部長　G. M. Card Van Rossum

　　　　　　Carlus Salotti 秘書起草」

1932年2月齊齊哈爾教區神父祝賀英賀福榮任主教（照片出SMB檔案館提供）

（照片由SMB檔案館提供）

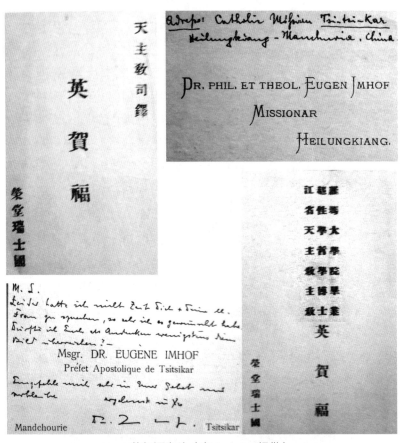

英賀福名片（由Urs Imhof提供）

上：1926年英賀福在齊齊哈爾印製使用的名片

後面手跡：「中國黑龍江天主教會齊齊哈爾天主堂司鐸」

後面書體：「哲學及神學博士歐根 伊姆霍夫 黑龍江傳教士」

下：1932年英賀福在齊齊哈爾印製使用的名片

後面書體：「齊齊哈爾監牧教區主教歐根 伊姆霍夫博士」

十、耶穌聖心　崇修修院

齊齊哈爾天主堂院內小修院
（摘自SMB英文年鑒）

　　為培養本土國籍神父，1927年3月4日，胡干普神父在齊齊哈爾海山胡同的天主教堂創辦男子修道院，第一批招收了6名男童修生。辦院宗旨：「致力聖召辨別、人格陶成、靈性生命、聖學與人文知識等方面的培育，使之效法基督的博愛精神，成為合格的牧人，為福傳事業奉獻終身」。

　　胡干普神父負責教授修生拉丁文，丁儒吉神父負責《聖經》的教義要理教學，沒有教材，全由教師自己編寫講義。修生文化課由教會小學教師擔任。

齊齊哈爾天主堂小修院第一批修生（摘自SMB英文年鑒）

英賀福在給修院的修生上拉丁文課（照片由SMB檔案館提供）

1928年2月28日，英賀福神父回到齊齊哈爾，擔任天主堂修道院院長，負責修道院管理、修生拉丁文課和瑞士新派來神父們的漢語課。

年底，齊齊哈爾天主堂修道院修生增至11人。

胡干普神父與11名小修生（摘自SMB月刊〈Bethlehem〉）

117

齊齊哈爾天主教會在船套子購買房址（摘自SMB英文年鑒）

　　隨著瑞士白冷外方傳教會在黑龍江傳教事業的發展，天主教在黑龍江的影響也越來越大，慕道的人越來愈多，各縣教會推薦到修道院接受聖召的修生不斷增多。

　　1927年春，齊齊哈爾天主教會在城西南船套子購買了土地和房子，開始營建男修道院。

船套子修院教學樓和操場（摘自SMB月刊〈Bethlehem〉）

修生們有秩序的到餐廳就餐（照片由SMB檔案館提供）

英賀福將船套子的房子進行了修復和擴建，平整了校園，設施先進完備的教學樓，教師和修生宿舍、食堂紛紛建起，一個新型規範修道院建成。

1928年夏，英賀福將海山胡同天主堂修道院搬遷到營建好的船套子新修道院。每天，英賀福的工作非常繁重，不僅要為瑞士新派來的神父們做漢語培訓，還承擔著修生的拉丁文課，每週要上20節課，回覆各種信件常常到深夜。

修道院院長、教授辦公室和宿舍（摘自SMB英文年鑒）

陸化行（Ruf Matthäus）院長

1929年5月，英賀福被任命為齊齊哈爾教區區長後，調回索伯台教堂的陸化行神父接替英賀福擔任修道院院長。

從1929年5月到1947年7月，陸化行神父在黑龍江修道院任職了18年。

1929年7月，黑龍江船套子修道院修生增至17人。

黑龍江船套子修道院修生分為小學部（小修院學制12年）和中學部（大修院學制6年），小學部為望修階段，中學部即成修階段。

陸化行神父與索伯台教會小學師生（照片由SMB檔案館提供）

修道院課程設置宗教課和文化課兩類。望修階段課程除了學習拉丁文外，天主教教義、宗教史、聖經和音樂是必學的宗教課程，文化課與社會上學校同步。

修院宗教課與音樂課由神父擔任，文化課聘省府的優秀教師和華北學校教師擔任。

寬敞明亮的教學樓（摘自SMB英文年鑒）

船套子修院教堂（摘自SMB英文年鑒）

望修階段的修生（摘自SMB英文年鑒）

　　修道院非常注重對學生體質的培養，設專人指導學生們學習體操，建立學生足球隊，組織學生進行體育比賽、野遊和文娛活動。

修生在進行足球比賽　　　　　　修生在學習音樂
（照片由SMB檔案館提供）　　　（摘自SMB英文年鑒）

1929年陸化行院長和修院全體師生（摘自SMB月刊〈Bethlehem〉）

　　修道院修生要嚴格遵守修道院的規章制度，養成生活自理、行為舉止規範、語言談吐從容、鎮定等方面的能力和素質，修道院修生要比社會上學校學生具備更多的知識和能力，因此，在修道院學習的修生獲益匪淺。

修道院修生教學樓前的聖事活動（照片由SMB檔案館提供）

修生在修院教堂祈禱、默想（摘自SMB月刊〈Bethlehem〉）

　　每日修道院修生都要到教堂祈禱、默想和良心省察，與神師分享靈修生活，閱讀聖人靈修生活，實踐對天主的愛，服務有需要的人。

修院修生的宗教課（摘自SMB英文年鑒）

修院成修階段的修生（摘自SMB月刊〈Bethlehem〉）

　　修道院成修階段的修生要在六年的培育中，攻讀兩年哲學，四年神學，靈修始終是最重要的，靈修訓練貫穿在整個培育過程，通過靈修的訓練，使修生們日益肖似基督，能夠堪當分享基督的司祭職務。

1930年船套子修道院全體師生（摘自SMB英文年鑒）

1931年英賀福主教、陸化行院長、谷聲遠和丁儒吉神父、任課教師和48名修生
（摘自SMB月刊〈Bethlehem〉）

　　黑龍江船套子修道院良好的學習和生活環境，吸引了黑龍江青年學生前來修道。齊齊哈爾教區建立後，黑龍江各地教會的天主教家庭孩子慕名到船套子修道院學習的不斷增多，1930年春，黑龍江船套子修道院擁有修生28人，秋季，修生增加到41人。

　　1931年，英賀福將石作基神父從林甸永合屯調到船套子修道院任拉丁文教授，輔助陸化行院長管理和教學，此時船套子修道院稱為：

　　「黑龍江省城拉丁文學院」。

　　隨著齊齊哈爾教區的提升和發展，船套子修道院設施進一步完善，修生逐年增多，船套子修道院成為中國黑龍江地區培養聖召最先進、最有影響的修道院。

1931年陸化行院長、石作基神父和全體修生（摘自SMB月刊〈Bethlehem〉）

　　1932年春，齊齊哈爾天主堂修道院創院五周年時，修生增至48人。齊齊哈爾教區決定將「黑龍江省城拉丁文學院」改名為「龍江天主堂崇修修道院」。

龍江天主堂崇修修道院
（照片BMI-32由SMB檔案館提供）

1933年英賀福主教、陸化行院長、石作基神父和全體修生
（照片由SMB檔案館提供）

新落成的龍江天主堂崇修修道院教學樓（照片BMI-22由SMB檔案館提供）

1934年胡干普主教、陸化行院長、石作基神父、丁神父及全體師生
（照片由SMB檔案館提供）

1935年陸化行院長、石作基神父和46名修生
（照片由SMB檔案館提供）

1936年胡干普主教、陸化行院長、石作基、蘭恩慈神父及全體師生
（照片由SMB檔案館提供）

1937年胡干普主教、郗化民、司啟蒙、郝道永、蘭恩慈神父和39名修生
（照片由SMB檔案館提供）

十一、聖母使者 貞女修院

1927年10月，瑞士聖十字架修女會修女來
到黑龍江後，在齊齊哈爾、拜泉和肇州長發屯
教會開始有一些女孩子自願向她們一樣，為當
地教會服務，會母布汝立開始在齊齊哈爾對有
傾向的女孩子進行特別的教育。1929年派到長
發屯教會服務的孟蘊范和榮雅范修女也對有傾
向、單身合格女孩子的修女生活做準備。

布汝立會長

　　1930年春，聖十字架修女會在齊齊哈爾教堂對面的賢善
胡同3號院落，創辦「耶穌嬰孩德肋撒國籍貞女修院」，委派
榮雅范修女為院長（1930－1945），貞女修院隸屬齊齊哈爾教
區。建立女修院目的是培養修女幫助教區內各教會的管理，如
佈置和裝飾教堂內部和勝任各教會傳道師的工作等，女修生來
源於教區內各教會天主教家庭的女孩子。

齊齊哈爾「耶穌嬰孩德肋撒國籍貞女修院」（摘自SMB英文年鑒）

1930年榮雅范院長與7位貞女（摘自SMB月刊〈Bethlehem〉）

榮雅范院長

　　齊齊哈爾聖十字架修女會委派榮雅范修女為「耶穌嬰孩德肋撒國籍貞女修院」院長，從1930年始，榮雅范修女歷任10年院長，之後，委任貞女修院培育的國籍修女劉淑琴為院長。

　　1930年「耶穌嬰孩德肋撒國籍貞女修院」建院時只有7位貞女，1931年貞女為14人，1932年增加到20人，1935年已擁有42人，1938年貞女達到45人。

劉淑琴院長
（照片由SMB檔案館提供）

陸化行院長、榮雅范院長、劉靜范修女與7位貞女
（照片由SMB檔案館提供）

中國貞女在女修院學習分為：望修、成修兩個階段。課程設置是：宗教課和文化課兩類。文化課學習國民學校所設課程高小至初中的語文、算術課，宗教課有《聖經》、教理教義、教會歷史和音樂等修女必備的宗教知識課程。

耶穌嬰孩德肋撒國籍貞女修院教室（摘自SMB月刊〈Bethlehem〉）

榮雅范院長、劉靜范、孟蘊范修女與14位貞女
（照片由聖十字架修女會檔案館提供）

　　女修生進入貞女修院時本人要自願遵守三大誓言：1、貞潔；2、神貧；3、聽命，便可成為初級修女，考驗期為一年。一年後，各初級修女本人自願要再繼續為修女者，要再發三大誓言。如果不願做修女者，可以回家。

1932年貞女修院的20位貞女（摘自SMB月刊〈Bethlehem〉）

1935年胡干普主教、榮雅范院長與42位國籍貞女
（照片由聖十字架修女會檔案館提供）

1937年胡干普主教、榮雅范院長與45位國籍貞女
（摘自1938年《滿洲帝國天主公教教務年鑒》）

巴樂德神父與年靜修女
（摘自1938年《滿洲帝國天主公教教務年鑒》）

　　1939年，「耶穌嬰孩德肋撒國籍貞女修院」搬遷到訥河縣拉哈鎮，改名為「崇修女修院」。直到1945年9月停辦。

齊齊哈爾訥河縣拉哈鎮的「崇修女修院」（照片由聖十字架修女會檔案館提供）

劉淑琴（1911—1948）教名：伊撒伯爾，來自肇州長發屯教會天主教世家，1929年，進入了瑞士聖十字架修女會在齊齊哈爾建立的「耶穌嬰孩德肋撒國籍貞女修院」做望修貞女，1932年，被選送到北京接受專門培訓學習。

1941年，劉淑琴發願成為齊齊哈爾教區培養的第一批國籍修女，之後，被委任

劉淑琴在北京培訓學習
（摘自SMB月刊
〈Bethlehem〉）

為耶穌嬰孩德肋撒修女會國籍會母、「崇修女修院」院長，接替了榮雅范院長的工作與孟蘊范修女管理修女會和修院。

劉淑琴是齊齊哈爾教區第一位國籍會母，她負責的每項工作都做到盡職盡責、至臻完備，贏得了神父和修女們的尊敬和愛戴。

正式成為修女的劉淑琴

劉淑琴會母在拉哈「崇修女修院」（摘自SMB月刊〈Bethlehem〉）

十二、華北教育　桃李中華

齊齊哈爾天主堂男子小學校第一期師生

瑞士白冷外方傳教會傳教士來到齊齊哈爾後，胡干普神父將海山胡同天主堂進行了擴建。1927年，在天主堂院內創辦了第一所教會男子小學。

胡干普神父又在天主堂對面賢善胡同購買的院落裡創辦了第一所教會女子小學。

齊齊哈爾天主堂女子小學校第一期師生
（摘自SMB英文年鑒）

1930年齊齊哈爾天主堂男子小學新學期開學師生（摘自SMB英文年鑒）

傅濟靈創辦甘南教會男子小學校（摘自SMB月刊〈Bethlehem〉）

隨著瑞士白冷外方傳教會新神父不斷到來，天主教在黑龍江的傳播也不斷擴展，每建一座教堂，創建一個教會，都會在教堂院內建起一所男、女小學校。

甘南教會小學學生（摘自貝克曼博士《黑龍江》）

1928年齊齊哈爾教區建立時，英賀福主教在林甸縣、永合屯、拜泉縣天主堂，司啟蒙和傅濟靈神父在肇州、長發屯、吉林大賚天主堂，傅濟靈神父在甘南縣和龍江縣的索伯台天主堂都建立了男、女小學校。

到1930年，齊齊哈爾教區內創辦了26所教會小學校，其中有6所女子小學校，共招收了1022名學生，學生最多、聲譽最好的是省城齊齊哈爾和甘南縣兩級小學校。

省府齊齊哈爾及各縣的官員、經濟條件比較好的富裕家庭都認為：教會學校安全，教學、師資水平高，學生品格、風氣好，都把自己的子女送到教會學校上學。要求進入教會男、女小學校的學生越來越多，原有的校舍已經不能滿足教區學生的需求，於是，英賀福主教決定擴大學校規模，創辦一所先進、高質量的教會私立學校，把購買的海山胡同教堂東部的房屋，作為華北男子中、小學校舍。

華北男子中、小學校舍（照片由SMB檔案館提供）

華北中學成立英賀福與省府各界人士、華北學校董事會及全體教員（摘自SMB月刊〈Bethlehem〉）

1931年英賀福與齊齊哈爾教會所有學校的師生（摘自SMB英文年鑒）

劉雅齋
1931年—1946年
華北中學校長（照片
由SMB檔案館提供）

　　經過一年多的的籌備，在黑龍江各界人士支持和贊助下，1931年6月2日，華北中學建校正式招生，秋季開學。

　　華北男子中學德文稱為St.Michael's College,根據《外人捐資正式設立學校請求認可方法》規定：「1、外國人辦學必須遵守中國有關法令、規程並請求認可；2、學校名稱應冠以「私立」字樣；3、校長要由中國人擔任；4、學校董事會中，中國董事應占半數以上；5、不得以傳佈宗教為宗旨；5、課程須以部頒為標準」。

　　華北男子中學成立時，天主教徒劉雅齋被推選為校董事會會長兼華北男中學校長，負責管理男子中、小學教學。

　　英賀福主教委任傅濟靈神父為華北中學校

傅濟靈神父

華北學校教務長傅濟靈神父、校長劉雅齋及教師（摘自SMB月刊(Bethlehem)）

楊筱婷
華北女中學校長

務長和監理司鐸，負責建校、校務管理和在學生中建立「青年會」和「姐妹會」。

　　華北女子中學德文稱為St.Mary's College，位於教堂對面賢善胡同北，設專職女校長管理華北女子中、小學，楊筱婷被聘為華北女子學校第一任校長，聶貴明被聘為教務主任。

　　華北中學招生廣告發佈後，省府齊齊哈爾及附近各縣都有很多學生報名入學。首期華北男、女子中學各招收了一個班40人，第二年秋，男、女中學各擴招了二個班，華北男、女中小學的學生達650人（男校350人，女校300人）。

　　華北小學實行國民政府的「壬戌學制」（四三制），小學是兩級，前四年為初級，後三年為高級。

華北男子中學教學樓（摘自SMB英文年鑑）

龙江国民高等学校

校　训

勤　学　知　耻

1931—1947年華北中學校訓
（摘自1995年譚彥翹編寫《龍江國民高等學校名冊》）

　　英賀福主教「在體育、群育和德育方面，力謀學生的幸福，發展他們健全的人格」，使學生「道德能修，學問精進」，英賀福主教與校董事會為華北學校訂立了校訓和校歌。

校　歌

C调

| 5 5 3̲2̲ 1 | 3̲2̲ 3̲5̲ 6 - | í 2 6 5 | 6 6̇2̇ 1 — |

二 十 世 纪 气 象 新，　环 海 交 通 诞 育 文 明，

| 1̲5̲ 1̲2̲ 3 | 3̲2̲ 1̲2̲ 6 - | í 5 3 5 | 1̲5̲ 1̲3̲ 2̇ — |

智 仁 勇，世 所 馨，　德 业 日 新，克 俭 克 勤，

| 3̲2̲ 1̲2̲ 3 - | 3̲2̲ 1̲2̲ 6 - | í 5 3 5 | 1̲5̲ 1̲3̲ 2̇ — |

上 仕 为 人 役，下 仕 乃 役 人，修 齐 治 平 双 肩 一 齐 承，

| í · 6 5 - | 5̲3̲ 5̲6̲ 5 - | 3 · 2̇ í — | 2̲í̲ 2̲3̲ í — ‖

贯 彻 我　龙 江 精 神！贯 彻 我　　龙 江 精 神！

1931—1947年華北學校歌
（摘自1995年譚彥翹編寫《龍江國民高等學校名冊》）

145

黑龍江省私立華北中學校董事暨教職員全體合照

1932年英賀福與華北中學校董事會及全體教師（摘自SMB月刊（Bethlehem））

1933年6月全體師生慶祝華北中學校建校兩周年（照片由SMB檔案館提供）

1933年6月英賀福與全體校董事會成員（摘自SMB月刊〈Bethlehem〉）

華北小學使用的民國教材（拍攝於SMB檔案館）

　　華北學校開設的算術（筆算、心算）、代數、幾何學、動物學、植物學、科學基礎知識、人體解剖知識、生理衛生、地理學、世界通史和哲學等課程，幾乎涵蓋現在中小學的所有課程，任教的神父和修女將歐洲自由的學習風氣帶進新式學校，有效推動了黑龍江地區教育的近代化進程。

　　華北學校教育採用近代歐洲教育形式，學校系統全面的課程設置、強大的師資力量、豐富的教學用書、兼收並蓄的教學

華北中學使用的民國教材

華北中學英語教材

華北男子中學的英語課（摘自SMB月刊〈Bethlehem〉）

方法以及學致用的教育理念，贏得了社會的廣泛讚譽，成為黑龍江地區唯一的先進、現代私立學校。

　　華北中學為三年學制，課程按照國民政府教育部頒佈的《中、小學課程標準總綱》設置，出於基督教教育的需要，為吸引生源和升學，突出英語教學，把英語列為主要課程。

　　教會創辦女子學校主要目的是為了使奉教的女孩子結婚後成為一位好母親，建立一個幸福理想的天主教家庭，能夠教育未來的子女認識教會。因此，華北女校教學內容比較生活化，開設課程有英語、數學、地理、歷史、繪畫、音樂和家政，除了英語外，華北女校非常重視音樂教育，由於教會要求

蘇倫理修女在給華北女子中學上英語課
（照片由SMB檔案館提供）

每週學生參加教堂的彌撒，會唱讚美詩和宗教歌曲，對鋼琴、管風琴和聲樂教學尤為重視。

華北女子中學家政課（照片由聖十字架修女會檔案館提供）

華北女子中學實業課（照片由聖十字架修女會檔案館提供）

華北女子中學表演的話劇（摘自SMB月刊〈Bethlehem〉）

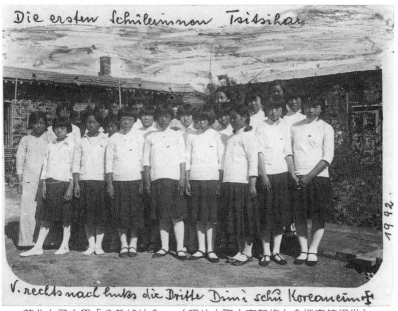

華北女子中學「公教姊妹會」（照片由聖十字架修女會檔案館提供）

華北女子學校的課外活動（照片由聖十字架修女會檔案館提供）

華北女子中學校課間舞蹈操（照片由聖十字架修女會檔案館提供）

　　華北女校培養出許多具有新文化思想，獨立人格的傑出女性，成為黑龍江地區文化、教育和衛生等方面的高素質建設人才。

華北女子小學集體畢業照（照片由聖十字架修女會檔案館提供）

華北女子中學集體畢業照（照片由聖十字架修女會檔案館提供）

和致中神父和華北中學「公教青年會」（摘自SMB月刊〈Bethlehem〉）

　　華北中學聘用教師和招收學生沒有宗教信仰的限制，但對奉教的教師優先聘任，奉教的學生從寬錄取，為使信教學生熱心宗教、勤學敬師，和睦同學，教會在華北中學組織「公教青年會」和「公教姊妹會」，派神父到「青年會」和「姊妹會」擔任監理司鐸。

　　齊齊哈爾教區所有的教會學校都組建學生鼓號隊，華北小學、泰來天主堂啟明學校和拜泉天主堂小學最為著名。

華北男子小學鼓號隊（摘自SMB月刊〈Bethlehem〉）

泰來縣教會男子小學鼓號隊（照片由SMB檔案館提供）

　　鼓號隊是教會學校對外宣傳的一個「窗口」，每年有特定的比賽，通過學校活動、節日歡慶及出席特定任務，來展示自己學校鼓號隊的風采。鼓號隊成為齊齊哈爾教區教會學校一大特色。

訥河縣拉哈鎮教會男子小學童子軍（照片由SMB檔案館提供）

華北男子小學童子軍（摘自SMB英文年鑒）

教會男子小學都建有童子軍，培養學生強健的體魄、集體觀念和騎士精神。使青少年成為有責任感自立的公民。

泰來縣教會男子小學童子軍（照片由SMB檔案館提供）

拜泉縣教會男子小學童子軍（照片由SMB檔案館提供）

　　教會學校非常重視學生的體質，學校每年都舉辦運動會，不定期地組織野遊或文娛活動。設專人指導學生們學習體操，各項球類，建立了黑龍江地區最早的足球、籃球和網球隊。

華北中學男子籃球隊（摘自SMB英文年鑒）

華北學校男子足球隊
（照片由SMB檔案館提供）

華北女子學校田徑隊（摘自SMB英文年鑒）

華北小學男子足球隊（摘自SMB月刊〈Bethlehem〉）

華北中學男子網球隊（照片由SMB檔案館提供）

畢佑周神父和吉林大賚教會學校體育隊代表（摘自SMB英文年鑒）

吉林大賚教會學校的課間操（照片由SMB檔案館提供）

泰來縣教會小學校的課間操（照片由SMB檔案館提供）

索伯台教會男子小學校課間操（照片由SMB檔案館提供）

石作基神父和林甸永合屯天主堂男子小學師生（摘自SMB月刊〈Bethlehem〉）

甘南縣教會男子小學校師生（摘自SMB英文年鑒）

甘南縣教會女子小學校師生（摘自SMB英文年鑒）

樂和滿海德神父與克山縣教會男子小學校師生（摘自SMB英文年鑑）

克山縣教會女子小學校師生（摘自SMB英文年鑑）

樂神父創辦的德都教會男子小學（照片由SMB檔案館提供）

樂神父與德都教會女子小學校師生（照片由SMB檔案館提供）

肇州教會男子小學校師生（照片由SMB檔案館提供）

拜泉縣教會男子小學校師生（照片由SMB檔案館提供）

1936年紀念攝影全體全生師校等小、級兩明啟立私堂主天聯未泰

高福滿神父創辦的泰來教會啟明男、女小學全體師生（照片由SMB檔案館提供）

根據瑞士白冷傳教會檔案統計數據：1932年，華北男子中學在籍學生104人，華北女子中學在籍學生85人。黑龍江傳教區初、高級小學49所，入學在籍男、女小學生2376人。1933年，華北男子中學在籍學生163人，華北女子中學在籍學生118人。黑龍江傳教區初、高等兩級小學57所，入學在籍男、女校小學生2877人。1947年前，教會學校學生最多、聲譽最好的是齊齊哈爾市、泰來、甘南和克山縣的初、高小兩級學校。

華北中學舉行第一級畢業典禮

六月二十五日

黑龍江省私立華北中學校，自創辦以來，今已三年之久，已屆第一級畢業之期，故於六月二十五日上午十時舉行畢業式，師生及校董，約二百餘人，齊集院中，衣冠濟濟，精神振作，畢業生列於前列，至開會時，首由該校體育主任趙先生率唱國歌，繼為校董，校長，教務主任及校歌畢，訓育主任訓話後，有學生全體代表致歡送畢業生詞，概皆對於畢業生之鼓勵與指導，最後有畢業生之代表答詞，略謂於此三年之內，諸校董費盡多少苦心，及諸師長之熱心指導，得以學品進步，且出校後絕對勿忘母校云云，查第一級本三十餘名，除事先遇良機考取東洋，鐵路學院，及升入他校外，而參與畢業考試者共二十一名，茲將其考試之成績榜列如次，

1 韓殿業
2 劉振智
3 劉吉相
4 劉全吉
5 于濬波
6 鮑壽宴
7 戴玉銘
8 鄂維元
9 藺來明
10 崔英勳
11 滕仁貴
12 康守才
13 王國華
14 翟爾彬
15 沃明和
16 梁瑞華
17 王時明
18 潘鴻名
19 董化民
20 王榮九
21 崔三多

摘自《龍沙公教月刊》1934.5
（由SMB檔案館提供）

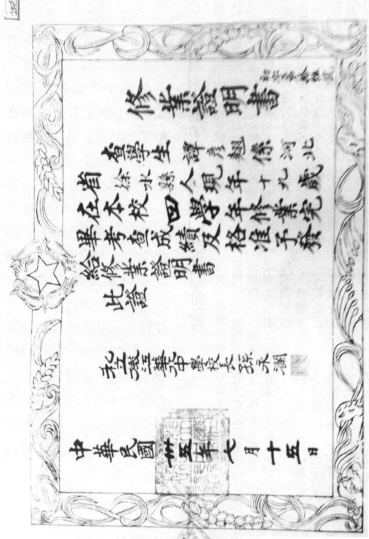

1947年7月華北中學最後一屆學生畢業證書（譚彥翹先生提供）

十三、援助抗戰　報告事實

「九・一八」事變日本軍隊侵佔瀋陽

　　1931年9月18日，日本關東軍經過長期而周密的策劃，炸毀了南滿鐵路瀋陽北部柳條湖一段路軌，製造藉口炮轟東北軍駐地北大營，佔領瀋陽城。「九・一八」事變爆發後，日本軍隊向吉林長春、四平、公主嶺等地發起進攻，不到一個月，日本軍隊相繼侵佔了除遼西以外的遼寧、吉林兩省30餘座大、中城市，控制了12條鐵路線。隨後日本軍隊策劃向北滿進擊，企圖先占黑龍江省府齊齊哈爾，然後再奪取哈爾濱。

　　1931年10月10日，中華民國東北邊防司令長官張學良委任駐守黑河的馬占山將軍代理黑龍江省主席兼軍事總指揮。馬占山將軍接到任命令後，10月20日，抵達黑龍江省政府齊齊哈爾就職。馬占山將軍親自赴泰來縣江橋前線激勵守衛將士，調兵遣將，積極作好抵禦日本軍隊入侵齊齊哈爾的準備。

馬占山將軍來到齊齊哈爾天主堂拜會了英賀福主教，委任英賀福主教為黑龍江國際紅十字會特別主席、戰時醫院院長。

為了防止日本侵略軍飛機轟炸，馬占山將軍將黑龍江省政府各個機構重要的文件箱子都存放在教會裡。英賀福主教在報告中寫到：「馬將軍在準備與日本軍隊作戰，齊齊哈爾教會的辦公室、學校及所有房子裡都擠滿了政府的文件箱子、避難的紳士和官員的家屬」。

馬占山將軍
（瑞士特派記者林德拍攝）

隨著日本侵略軍不斷向黑龍江逼近，大批逃亡的難民陸續湧入齊齊哈爾教區教堂尋求保護，教堂變成了難民的避難所，到日本軍隊佔領齊齊哈爾時，躲避在齊齊哈爾「教堂的難民已達一千多人」。教會為難民們免費提供食宿，使難民們免受了饑寒。

「為了防止城市被佔領時發生可怕的強姦婦女事件，黑龍江省政府組織志願援助代辦處，馬占山將軍請英賀福主教擔任援助代辦處主任，安置和保護婦女和女孩子」。齊齊哈爾市內的婦女和女孩子得到了天主教會的保護，在日軍佔領齊齊哈爾時免遭蹂躪。

英賀福主教每周都向瑞士發回齊齊哈爾戰爭形勢報告，並附寄回大量戰場紀實照片：

The reception of the Sacraments by the Christians is most edifying. During the month of December 1500 Communions were made in a community of 200 souls. The Christmas Festival was most solemnly celebrated. The whole Church was illuminated on the outside whilst within the building small paper lanterns were linked to one another. The heathen Mandarinates had issued large placards which were affixed to all the street corners making it known to everyone that the Catholic Church was celebrating the Christmas Festival and that the inhabitants must on no account molest the Christians during the night.

All the Mandarinates were represented by delegates at the Midnight Mass, nearly all the merchants of the town were present and, according to computation, there was a congregation of about 800 persons. Sermons were delivered in eight different centres from about six o'clock in the evening till twelve at night and then again in the Chapel at the midnight Mass.

A great movement towards Christianity is in progress at *Dungyangtchen*. A wealthy Chinese is ready to place the necessary land and dwellings at the disposal of the Church. Mr. Lu, the Chinaman afore mentioned, recently visited the Gannan Station and discussed with Father Küttel the steps which should be taken with regard to the founding of a Mission Station. Mr. Lu rode to the Mission Station accompanied by 130 horsemen. He was attacked on the way by robber bands and summarily decapitated eight robbers and their chief! The missionary was most favourably impressed by Mr. Lu. According to the statement of the latter there were between four and five hundred families who were ready to embrace Christianity.

英賀福報告（摘自SMB英文年鑑）

1931年11月4日凌晨，日軍的第16聯隊越過江橋，向泰來縣大興鎮的黑龍江守衛軍駐地發起攻擊，遭到徐寶珍衛隊團的英勇反擊。6日，日軍在7架飛機、40餘門火炮和坦克的配合下，3000餘人到達泰來大興一線，對齊齊哈爾駐守軍隊發起新的進攻。

江橋抗戰爆發後，馬占山將軍在齊齊哈爾西南船套子一帶構築戰壕，設置了最後的一道防線阻擊日軍，英賀福主教將龍江崇修修道院所有的教室和房舍空出來當作臨時接收和救助傷員的場所。市區內教會醫院裡住滿了傷員，「教會的所有修女都投入救治負傷士兵的工作」。

Rainy weather had again set in and I had once more to go to the Residence. Things did not turn out so badly as they might have done in time of war. The return journey was, however, not altogether made according to the wish of the Superior of the Mission. I had arranged for a waggon to be at the railway on Friday morning. On account of the bandits nobody risks going out at night. I was, unhappily, hindered and could only return on Saturday evening. Hoping that a waggon would still be available, I took a fairly large amount of baggage with me, for I wished to get my personal belongings to Suobeetai by degrees. The driver who is from Suobeetai, came with me in order to spend a few days in his native village. The fear of the bandits had become more intense and my two companions were very happy that the priest marched in front of them. All went well until we reached the little brook. A large lake now occupied the place of the original small ford. *"Guo bu tschu"* "We cannot get across" said my men resignedly. Is there no passage, anywhere, in any direction? Nothing. Down below, yonder, at a distance of at least an hour's journey, there is a boat. What is the shortest time needed to bring it hither? It would take hours. I looked at my watch. "It cannot be done. To-day is Sunday. I must get across at any cost." The weather was cold and frosty and the water as cold as ice and, moreover, a cold north wind was blowing. My two companions were for instantly turning back and awaiting the morning and the matinal repast and then crossing the water by boat. That, however, meant losing the whole Sunday. I drew a little aside. It was, I may mention, pitch dark, removed my clothing and went slowly into the water. Now I found that the water was not so deep as to necessitate my swimming across to the opposite bank, so that the baggage and especially the clothing could be carried safely across without any fear. I then went back at once, bound my things together, balanced them on my head and reached the opposite bank without misadventure. I called to the others, telling them

英賀福報告（摘自SMB英文年鑑）

英賀福寄回的江橋戰場照片（摘自SMB月刊〈Bethlehem〉）

　　馬占山軍隊的戰壕幾乎全被日軍炮火摧毀，戰士們躍出戰壕與日軍白刃格鬥，為了保存有生力量，馬占山將軍決定放棄大興陣地，退至昂昂溪的三間房二線陣地防守阻擊。日軍在7日上午佔領泰來大興後，又於7日下午向湯池南的依裡巴發起進攻，8日以後，日軍因傷亡慘重，亟待補充，暫時停止了進攻，並急調在東北的日本精銳部隊向嫩江集合。

英賀福寄回的江橋戰場照片（摘自SMB月刊〈Bethlehem〉）

　　17日，日本軍隊在飛機和坦克的支援下向三間房陣地發起全面進攻，19日下午，日軍以三個聯隊的兵力，與正面長谷旅團全力夾擊，馬占山軍隊腹背受敵。下午3時後，日軍又增加坦克12輛，火炮30餘門，飛機12架，在馬占山軍隊防線左、右、前三面猛攻，戰至下午6時，馬占山軍隊的苑崇谷旅已傷亡過半，馬占山軍隊正面防線被日軍攻破。

1931年11月20日，英賀福主教在報告中寫到：「昨天下午兩點日本軍隊佔領了齊齊哈爾市。馬將軍軍隊18日失去了在昂昂溪的陣地之後，18日夜19日晨向北撤退。警察放棄了齊齊哈爾治安的維護。18日到20日，日本飛機對馬占山軍隊進行了大約20次的追擊、轟炸」。

11月19日，馬占山將軍率軍撤離齊齊哈爾時，令秘書書寫文告，委託英賀福主教以國際紅十字會主席的特別身份，在日本侵略軍進城後轉交給日軍首腦。文告申明：「兩國交兵不殺戰俘，釋放所有日軍戰俘，作為交換條件，確保無力撤離受傷士兵生命的安全。中國軍隊尊重國際公法，按國際紅十字會的準則辦事，希望日軍亦能遵守國際公法」。

Japanese artillery firing before the gates of Tsitsihar

that they could do what they wished, but that I intended to continue my journey. By this time they had mustered up their courage and begged me to carry over their baggage for then they would follow me. They dared not venture, they assured me, if they were laden with bundles. Indeed, as they were men of small build, it was no easy task for them to accomplish it. The water was at the height of the boy's mouth. I was obliged to cross backwards and forwards four times before everything had been carried safely across. I was heartily delighted when the task was finished for I had become half-frozen and could scarcely pull on my clothes again. We were greatly fatigued after our long march when we at length reached Suobeetai so that I sent my two companions off to bed without delay. I then had to hear some thirty confessions, to read Mass and afterwards to arrange a few matters with some Christians. Then I lay down to rest with the happy consciousness of having once again done real Mission Work.

Again rain fell. Military forces marched ceaselessly towards the Russian frontier. An important letter reached me with the news that the new missionaries had arrived. As it bore the date of three weeks back, I set out. I was assured that tickets could now be obtained and on the other hand that it was no longer possible to go by waggon to Fularki on account of the inundation. So I started off early in the morning on foot. All went well, except that the ferryman tried his hardest to overcharge us. The great Chinese festival *"guo dsiä"* was near at hand and he wished to earn a few pence as quickly as possible. We discussed the matter for more than an hour. Neither would give way. Quite a crowd of individuals had gathered round us. All of them depicted the bitter need of the ferryman who, it may be noted, is a large farmer, and expatiated on the great wealth of the foreigners. All cried in chorus: "a dollar, a dollar!" The boys

英賀福報告（摘自SMB英文年鑑）

日本軍隊侵入齊齊哈爾

日本軍隊侵入齊齊哈爾後，11月24日，對黑龍江省官醫院（今齊齊哈爾第一醫院）及附近卜奎大旅社裡救治的2百多名重傷兵進行了慘絕人寰的大屠殺。而留在修道院和教會醫院裡的傷兵免招殺戮。

英賀福主教還應家屬、醫務人員和市民的請求，「以國際紅十字會主席的特別身份，與駐齊齊哈爾的日本領事進行了長達四個小時的商談，解救了被日本軍隊

Head Quarters of the 2nd Japanese division at Tsitsikar.
英賀福報告（摘自SMB英文年鑑）

逮捕的官醫院院長賀福泉，並保留了他的院長職位」。

黑龍江省官醫院（摘自SMB月刊〈Bethlehem〉）

齊齊哈爾日本領事館（摘自SMB月刊〈Bethlehem〉）

　　1932年5月22日，「國聯調查團」隨員一行五人：秘書長哈斯和海伊林、阿斯特、滿科德、比特爾乘飛機從哈爾濱來到齊齊哈爾。在哈斯秘書長帶領下，全面調查嫩江之戰和日本軍隊對齊齊哈爾的侵佔。

　　5月23日早上，國聯調查團哈斯秘書長首先來到教堂拜會了英賀福主教，並與他進行了長時間的會談，英賀福主教阻止日本隨行人員進入室內，獨自向哈斯秘書長介紹了中日嫩江之戰、日本侵佔齊齊哈爾和製造偽滿洲國的全部過程。

國聯調查團隨員五人到達齊齊哈爾（摘自《十字架上的日本》）

國聯調查員隨員下榻在齊齊哈爾龍江旅館（齊齊哈爾檔案館提供）

「晚上，國聯調查團秘書長哈斯和隨員滿科德再次來到教堂」，英賀福主教將齊齊哈爾市民委託的揭露日本侵略軍行徑

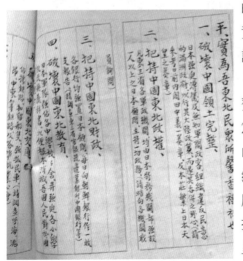

日內瓦國聯調查團檔案文件
（拍攝於聯合國歐洲總部圖書館）

的信件、收集和整理的資料交予哈斯秘書長，請他遞交給李頓團長。

國聯調查團隨員在齊齊哈爾只停留一天，24日返回哈爾濱。馬占山將軍派到齊齊哈爾聯絡國聯調查團的參議王庭蘭被日本憲兵發現逮捕，收出了馬占山將軍呈遞給國聯調查團的文件，王庭蘭被日本憲兵處死。

國聯調查團隨員五人離開齊齊哈爾（摘自《十字架上的日本》）

　　由於日本侵略者的威脅和阻撓，國聯調查團五位代表未能會見到馬占山將軍，而英賀福主教站在中立的立場，客觀地向國聯調查員反映了黑龍江地區的真實情況和民眾的願望，得到了國聯調查團的重視。

　　1932年9月28日，國聯調查團法國代表亨利・克勞德將軍（General Claudel）完成國聯調查團在中國的全部工作後，置身來到齊齊哈爾看望英賀福主教，參訪齊齊哈爾天主教會，與英賀福主教進行了長談，對於黑龍江的現狀和齊齊哈爾天主教的境遇交換了建議。高度讚揚英賀福主教的工作令所有人敬佩，為歐洲天主教會樹立了光輝榜樣。

亨利・克勞德將軍
（摘自《十字架上的日本》）

十四、慈善公益　服務龍江

　　從1927年瑞士聖十字架修女會修女來到齊齊哈爾教區後，先後在齊齊哈爾、拜泉、肇州和吉林大賚等地教會進行著慈善公益的傳福服務，陸續辦起病院、施醫院和戒煙（毒）所、養老院、畜牧公益會和友愛會等約120多個公益機構，還在齊齊哈爾和肇州創辦了孤兒院和養老院。1930年11月26日，英賀福給瑞士白冷傳教會工作報告記述：

SOZIAL-CARITATIVE TAETIGKEIT der SCHWEIZER-MISSIONAERE
in HEILUNGKIANG.(Nord-Mandschurei).

1.Zahl der Missionspersonel: 20 Missionäre,12 Schwestern,ein Staff
(Subjekt)
von einheimischen Hilfskräften.

2.Soziale Lage in der N.Manschurei:Obwohl das Land sehr reich an Boden-
schätzen,gibt es eine erdrückend grosse Menge Notleidender.Ursache:
a)der Boden ist teuer und die Urbarmachung d.Steppenlandes ist mit
unerhörten Schwierigkeiten,bes,finanzieller Natur verbunden.
b)Hohe Steuern und vielfach noch Bedrückung d.Bauern etc.von Seiten
der Soldaten und kleinen Mandarine.
c)Räuberplage
d)Wucherzins(bis 8,ja 10% Monatszins,also 80-100 Jahrezins!)
e)Allgemeine Teuerung,Valutasturz(Inflation mit Sino-Soviet Konflikt 1929)
f)Extreme klimatische Verhältnisse:3 volle Monate lang 20-40 Gr.Celsius
unter Zero.Im Sommer Aegypten tropische Hitze.
g)Häufige Epidemien,besonders grosse Kindersterblichkeit.
h)Die Bewohner d.N.Mandschurei sind zum grössten Teil Einwanderer
Auswanderer aus den Hungergebieten Mittelchinas.Nur wenige von ihnen
kommen mit einem kleinen Vermögen,wovon sie sich Haus & Hof erwerben
können.

3.Hilfe von seiten der Mission:Dieser vielfachen und durch viele Uebel
verursachten sozialen Notlage versucht die Mission entgegenzutreten durch:
a)Kolonisierung der armen Einwanderer(Projekt Mergen!) d.h.die Mission
kauft grosse Gebiete Steppenland,verteilt es(vertragsmässig)unter die
Einwanderer,hilft bei der Urbarmachung des Bodens,beim Bau der Häuser
stellt Saatkorn,Gerätschaften,etc.So entsteht eine ganz neue Kolonie,
die Einwanderer bleiben seshaft und haben Aussicht durch fleissige
Arbeit zu Wohlstand zu gelangen.-Oder sie werden in schon bestehenden
Dörfern(christlichen)angesiedelt,wo ihnen als Pächter oder sonstwie
Arbeit verschafft und freie Wohnung zur Verfügung gestellt werden.
b)Errichtung von Volksschulen (unbemittelte Kinder) für unbemittelte
Kinder.
c)Unterhalt von verlassenen Kindern und Alten in Waisenhäusern und Alters-
asylen.
d)Krankenfürsorge(Armenspital in Paichüan,Armenapotheken in Tsitsikar,
Paichüan und Laochenzki,ambulente Krankenpflege,das Werk der Hebammen
etc.)
e)Sträflingfürsorge.

Schluss: Der Unterhalt dieser sozial-caritativen Werke kostet(ang sichts
der gegenwärtigen Geldentwertung und d r allgem.Teuerung)gewaltige Summen.
Einladung zur Mithilfe.

英賀福報告（文件由SMB檔案館提供）

「瑞士傳教士在黑龍江的社會慈善工作

1.傳教人員：20位傳教士，12位修女，1位國籍傳教士
2.黑龍江社會情況：雖然有很多礦藏，但有非常多的貧苦民
　眾。
原因：
　a.土地昂貴給草原開墾帶來巨大困難，特別是經濟方面。
　b.來自軍隊及地方官員的苛捐雜稅。
　c.土匪磨難。
　d.高利貸。月利達到8%，甚至是10%，所以年利是80%-
　　100%
　e.物價普遍上漲，貨幣下跌。（從1929年中蘇關係破裂開
　　始通貨膨脹）
　f.極端氣候環境：一年5個月氣溫在零下，冬天最冷時在零
　　下20°-40°，反而有熱帶的夏天。
　g.經常發生瘟疫，幼童死亡率很高。
　h.黑龍江居民大部分是從中原地區因饑荒而遷來的移民，
　　其中極少人帶著一點財產，政府允許他們購買家園。
3.教會提供幫助。教會試著從多方面抗拒各個不同因素引起
　的社會困境：
　a.幫助貧窮移民，開拓殖民地（嫩江規劃）。教會在傳教
　　區購買很大地區的草原，分配給移民（按照合同），教
　　會幫助移民開墾草原和建造房屋，並提供穀種和工具等
　　物資，這樣一個全新的殖民地形成。移民就可以定居，
　　他們有希望以勤勞的工作使生活轉為小康，或是他們安
　　家到現有的基督徒村莊，可以做佃農或者找工作，並有
　　免費的住宅。
　b.為無經費的兒童創辦小學。
　c.在孤兒院及養老院照顧幼兒和老人。
　d.疾病照料。（設立貧民醫院和施藥房進行醫療護理和接
　　生嬰兒等服務）。
　e.關懷囚犯。
　　　　維持這些社會慈善服務費用巨大，特別是在目前貨幣
　貶值及物價普遍上漲的情況下，歡迎協助。」

齊齊哈爾天主教會醫院（照片由聖十字架修女會檔案館提供）

齊齊哈爾天主教會醫院藥房（照片由聖十字架修女會檔案館提供）

　　聖十字架修女會修女們在齊齊哈爾天主教會院內建立了第一所教會醫院，這是齊齊哈爾天主教會建立的第一個社會公益機構。1929年，賴次芽修女在齊齊哈爾市區的三百間房建立了施藥的「仁慈診療所」。

　　1928年4月，孟淑貞修女和費西德修女來到拜泉縣，在拜泉天主教會院內建立一個施藥的醫療診所，1930年，孟淑貞修

女、思靜貞修女和達靜宜修女又在拜泉縣創辦了擁有4張病床的「約瑟醫院」。

拜泉縣教會醫院的藥房（照片由聖十字架修女會檔案館提供）

拜泉天主堂約瑟醫院
摘自《齊齊哈爾市天主總堂鐸聲》（由SMB檔案館提供）

1930年，孟淑貞修女、習東菲修女和馬潔貞修女在肇州天主教會的老城子建立了聖拉斐爾醫院。1932年，馬潔貞修女和賴次芽修女又在豐樂鎮建立一個施醫藥診所，孟淑貞修女和達靜宜修女在肇州還建立一個戒煙（毒）所。

肇州老城子聖拉斐爾醫院（照片由聖十字架修女會檔案館提供）

肇州豐樂鎮施醫藥診所（照片由聖十字架修女會檔案館提供）

大賚教會施藥診所（照片由聖十字架修女會檔案館提供）

1935年，習東菲修女和龐守貞修女在大賚天主教會建立一個施醫藥診所。

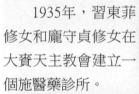

（照片由聖十字架修女會檔案館提供）

布汝立修女、賈修德修女和劉靜范修女建立了救貧濟困的畜牧公益會社會公益機構。

拜泉縣天主教會和修女之家（摘自SMB英文年鑒）

拜泉縣施醫藥診所（照片由聖十字架修女會檔案館提供）

　　從1928—1947年先後有孟淑貞、費西德、達靜宜、思靜貞、賴次芽、龐守貞、王潤清、徐芝柏、狄弟樂、王佩范和馬瑞師修女11位在拜泉縣醫院和施醫藥診所服務。

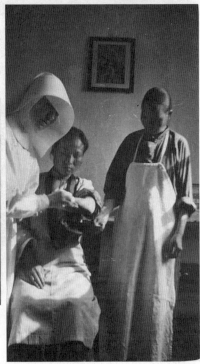

（照片由聖十字架修女會檔案館提供）

孟淑貞修女出診（照片由聖十字架修女會檔案館提供）

看護病孩的達靜宜修女　　　　　　出診的思靜貞修女
（照片由聖十字架修女會檔案館提供）

修女們不僅在醫院診療所為貧苦的教徒和非教徒看病、施藥，還要應患者邀約上門治療、探訪病人。據SMB月刊Bethlehem刊載的統計數據：1933年教區醫院和診所治療患者47398人，外出上門出診4650次，外科手術665例。

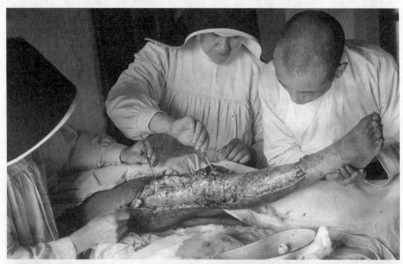

（照片由聖十字架修女會檔案館提供）

給嬰兒受洗

　　修女們熱心的服務受到了貧苦農民的尊敬和愛戴，許多的女教友帶著孩子來慕道、受洗，結伴帶著孩子聽修女講述要理，親切地將她們的願望講給修女們聽。修女們在宣教同時，還向女教友們傳播西方社會的文明生活，衛生和保健知識，幫助漢族纏腳的婦女放腳，改變傳統的生活觀念。

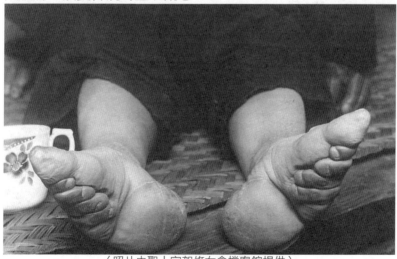

（照片由聖十字架修女會檔案館提供）

（摘自SMB英文年鑒）

據Bethlehem月刊的統計數據：1934年－1947年齊齊哈爾教區共建立了2所孤兒院和2所老人院，收養孤嬰幼兒476人，孤寡老人157人。

齊齊哈爾教區共建立了10處避難所，1933年收留殘疾和避難的人達380多人。

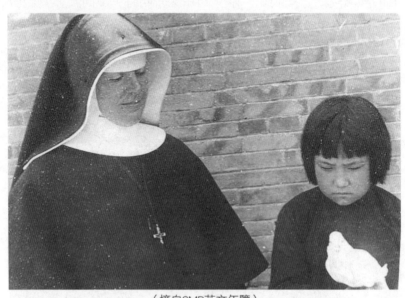

（摘自SMB英文年鑒）

1935年—1941年天主教齊齊哈爾監牧教區公益事業一覽表

		1935年	1936年	1937年	1938年	1939年	1940年	1941年
病院	院數	2所	2所	3所	3所	3所	4所	5所
	床數	89	94	15	15	15	20	20
	手術治療	737人	766人	196人	256人	345人	231人	239人
施醫院	院數	7所	7所	6所	6所	6所	5所	5所
	診療人數	35521人	38169人	51329人	40673人	52534人	48941人	40213人
孤兒育嬰院	院數	2所	2所	2所	2所	1所	1所	1所
	孤兒數	60人	58人	22人	20人	20人	77人	17人
養老院	院數	2所	2所	2所	2所	2所	2所	2所
	收養人數	11人	9人	17人	18人	14人	9人	7人

（根據瑞士白冷外方傳教會檔案資料統計）

和致中神父在監獄為犯人做彌撒
（摘自SMB英文年鑑）

齊齊哈爾天主教會公益慈善中重要一項是定期到監獄對犯人進行勸誡、講道，派神父給慕道的犯人洗禮、做彌撒，修女們也隨著神父去監獄監牢中為犯人診治、施藥，給予耶穌的愛和人道的關懷。

（照片由聖十字架修女會檔案館提供）

瑞士聖十字架修女會的修女們在黑龍江地區踐行著耶穌的使命：救貧濟困、慈幼養孤、救助災民、贈醫施藥、捐資辦學，設立戒毒所，改變傳統陋習等，在教區產生了很大的影響，使黑龍江地區的社會文明、思想觀念大為改觀。

1932年瑞士聖十字架修女會在黑龍江傳教的16位修女（摘自SMB英文年鑒）
左→右1：習東菲、費西德、布汝立，孟淑貞、梅叔媛
　　　　2：孟蘊范、穆靜言、賴次芽、榮雅範、馬潔貞、達靜宜
　　　　3：劉靜范、西修德、王潤清、林鶴仙、思靜貞

十五、《鐸聲》之音 遍及教區

　　《鐸聲》原稱《龍沙公教月刊》，1933年7月1日，英賀福主教創辦的天主教雜誌，1942年，停刊。

　　1933年6月23日，英賀福主教給瑞士白冷外方傳教會報告中談到創辦《龍沙公教月刊》的初衷：「由於從1933年開始，日本和滿洲國不允許從

《龍江公教月刊》封面1935年
第5期（由SMB檔案館提供）

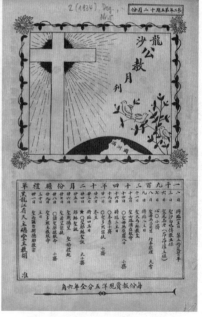

《龍江公教月刊》第14期祝詞1934.7-8
（由SMB檔案館提供）

《龍江公教月刊》封面1935年
第5期（由SMB檔案館提供）

南方和關內購進書刊，我們只有給教友創辦自己的天主教雜誌，雜誌費用的開支不大，在監獄裡的印刷廠印刷，大約20頁，刊登教皇牧函、世界各地天主教會和白冷外方傳教會及中國其它教區的新聞」。

在《龍沙公教月刊》創刊一周年的紀念合刊宣言中重申了英賀福主教創辦公教月刊目的：「是為奉教人灌輸所應有的道德，對外教人藉此宣傳宗

一週年的公教月刊宣言

英主教創立公教月刊，費了很多的金錢，現在計算已屆一年了：眼光見的很遠，究竟是滿了主教的盼望沒有？金錢花的正當不正當？江省教友們，將月刊的本意，明白了沒有？他們是得過益處沒有？

這些……這在我一樣也不回答，都不管他，可是有兩樣事情，是公認的(1)月刊有益處，(2)月刊有缺欠處，若從他的好處看，是不能用表表現他的缺欠處，有這種事實，好像催迫我們盡力去辦似的，那末我們盼望益處更加多，缺欠的也就隨着減少了。

月刊目的不變更的原因：是為奉教人灌輸所應有的道德，對外教人藉此宣傳宗教的道理，要把耶穌的善表，永久的放在眼前，這是我們所應辦理區區的本意。

《龍江公教月刊》第14期
前言1934年

教的道理，要把耶穌的善表，永久的放在眼前，這是我們所應辦理區區的本意」。

《龍沙公教月刊》為半月刊，16開本，每期50頁以內，在齊齊哈爾教區內的教會和天主堂創辦的學校裡發行。

《龍沙公教月刊》內容分為：道理、辨道、行實、文藝、家庭、聖教歷史及天主教新聞和齊齊哈爾教區新聞七大個板塊。

聖教月刊祝詞

時維公曆一九三四年，龍江天主教聖教月刊 已問世一週矣！代宣墨意，啓化愚蒙，一紙風行，凡草俯掩，厥功之偉，同所景慕，茲爲文而祝曰：

誕經一載　早具雛形　導引愚蒙
共識我主　共敬我尊　仰首蒼穹
徽音傾耳　澤被遐方　風化草掩
啓瀹益智　惟彼文章　功莫與京
　　　　　珠瓔錦繡　蔚爲奇光
　　　　　扶困濟危　無冤蒂王

華北中學校唐景張祝

《龍江公教月刊》祝詞第14期1934.7-8
（由SMB檔案館提供）

《龍沙公教月刊》目錄1935年第5期（由SMB檔案館提供）

佈告

為佈告事今為聖教及全體教民利益起見滿洲國全體主教
特來奉天援照聖教律條一再聚議衆口一辭對於滿洲國教
民均有服從之義務律有專條是以聖徒保祿訓弟有云汝當
通知雖為教民亦屬於皇帝官長權下凡無得教規者均宜唯
命是從一切言行凡有碍於滿洲國者一律遠避除竭力愛國以
作表率外尚宜虔祈天主恩賜皇帝福壽無疆國泰民安寔於
聖教暨教民皆有裨益諒爾等早已洞悉為此全體主教不憚
苦口再為申明勿違切切特此佈告

滿洲國全體主教

吉林	高主教
奉天	衞主教
四平街	石主教
熱河	南主教 印
撫順	林主教
赤峯	趙主教
齊齊哈爾	郗代權

大滿洲帝國康德元年
救世一千九百三十四年
六月十三號發

《龍沙公教月刊》第14期佈告：「承認滿洲國」（由SMB檔案館提供）

第二年第五期月刊　文藝

還是沒有一樣陽光射來，室中異常的黑暗呀！

「君姐！揚開窗簾吧！」他清脆的聲音說。

「好！」我微怔一聲，才想起這黑暗的真相——於是我信步
渡到窗前拉起簾子的窗帘，呀！詩呢！來吧！來吧，這是我信步的

今日興緻的早。德——一粒粒如珠球的雨點，我看見落密的雨
酒在了玻璃窗上——詩涵！被我一喊，立刻天

其的自然的手舞足蹈的跑了過去，於是我們携手並肩
面讚頌著這自然的變化！

福！

「君姐！與其在小窗前賞玩，遠著到外面的他們
流處那綠滿的小院，但覺恐怖他的變為！

好的，我很贊成。於是我們便去拉一把牽引訊室
我自然站定了，一直致眼睛了，都將着的天空，輕輕的耳聽
早怕了浮雲運的之際。柔絲的細雨又在降下了，可愛而溫柔的天空，輕輕的聽鳳
什麼雨而過，絲絲的下去…到沒主更的花兒，細低下了靈魂，早
喜歡那絲絲細雨之路。啊…是致醉的早晨！

悼英主教文

英主教係瑞士國人，年幼即信主甚苦，嫌惡於
中學時代，見夜間人信主者福屬少？不體驗撇之至，
乃將精志向，專攻神學，矢志學聖文天國之福音，
卒業於意大利羅馬大學，會讀得文學，神學博士，終
英公天才過尤，入尅諾承志，堅心回冷會，於
達其自己穷人之願懷，機得酬藏之念忌，從此以後
慕愛我國傳道之緒緣承傳教心復，矢志回天長傳
九二九年聖隆生神父為讚述傳道之化——時我偶
是急則救人懷念，矢志雪恥雅新勿得，終矢不得而卯
求益高深之學問，斯勿起，獨獨歸鄉寸英公人民之處，其
教務之興造，則父務護護救。遍訪諸生，急為補助，其可謂「有求必

語北女中學生王雅君稿

斷片之一 ...... 文藝

那有良心！公道！那是人類，嗚呼，咒罵，
之子孫，何必還遊蕩的歧視！性命誠可費，
暴虐，腥臭的汗血，人間如此多難，智慧得
他輕易溜去，愛安，我也覺，大家得善面無病的壺

第二年第五期月刊　文藝

愛，造成個美而潔的世界，享着自由之永遠，快樂的
世界，天主的兒女，初試暴露，腥臭的汗血，人間如此
時？唉，我不希罕了，人們的心裡那充滿着毒素，恐

四九

四八

天其的時珠路生花瓣之下，提弄玫瑰賴上的水球
了。我發現玫瑰還有花兒見了，別說他呢！花兒見及也細描狀
——詩！別家他們！我想要買雨行旅客也很有趣吧？
我們還是到市場去吧了。——陳傍神的巷內，除了屋家固定的慣例的一切

一陣傍神的沸換，除了屋家固定的慣例的一切
的擁貨都沒有出來，我想大概是因為下雨更是的

原因吧！

怦怦的泡清，從面窒風厭中傳出一個哀悽的喧囂，呼！
大概是一般醉後的工人，我低低的念着，我們同時蹙然
自神的度過了醉生夢死的生活。
進入室中，便一面看見晨早，一個雨天的早晨！

姊妹都躲在家中……但是，我因為我已們偶然
是從前，又非遲運，時我忽想起……姊妹嗎…一個雨的早晨。

教宗頒賜如此來翁大赦

可敬諸神昆教宗於一千九百三十四年陽曆四月二日為普世信友頒了敕世如此來翁大赦
此大赦延至明年一千九百三十五年卸白主日四月二十八日得此大赦之條件如下

（一）辦神工領聖體
（二）拜聖堂十二次拜一座聖堂或聖座聖堂一日拜十二次或數日共拜十二次均行
　　　拜堂時除了誠心念耶穌救贖受難之經文以外還當念以下的經
（一）天主經聖母經聖三光榮誦各六次其中一次按教宗意思念
（二）念信經一次耶穌基利斯督及等欽崇讚美爾爾因此聖架救贖普世或別樣相同
　　　三次信經一次耶穌基利斯督及等

三、念七次亞物瑪利亞念時當想聖母的痛苦然後念聖母懇爾將耶穌五傷深深刻在我心理或別的相同之經
四、再念信經一次

教宗的意思如下
一、希望普世聖教會恢復自由不受限制
二、希望各國人民得到平和和睦及真正的順利
三、希望各樣邁傳教務務與盛教友日增
四、希望天主的仇人即暴列無神派回頭事主
五、希望在可能的範圍內補償天主所受的凌辱
六、希望一次出堂可以分時當進當拜第二次
有病者軟弱者或離堂十來里路不能拜堂或公所者可以念他們在家念上邊的經文十二次
聽神工的神父們欲聽爱與情願受上的罰或行勸告要緊或該知道若沒有充足的理由
就寬免不拜聖堂遲解失的的經文也能寬免分念一些此方寬免他們只念一次天主經聖母經
若有病人不能念以上的經文也能寬免念念一些比方寬免他們只念一次
三光榮誦一次信經

這個大赦不拘先數幾時全守了以上的規條幾時為煉靈時一全赦但頭一個大赦的工課不
作完不可在主日彌撒中或在公函之日或以後之主日要將此公函常衆念誦在堂屋公所或敬友集會之地方念
要理學校等處直至一千九百三十五年卸白日即陽曆四月二十八日止

救世一千九百三十四年七月十二日

本教區代理主教郝

《龍沙公教月刊》1934年第14期（由SMB檔案館提供）

《龍沙公教月刊》第14期代權主教郝化民神父發佈的新聞（由SMB檔案館提供）

新　聞

好消息——江省主教選定

自十一月十九號那天，我們盼望了一年的喜

從客歲信。即由萬里外的羅瑪傳來了，我們的喜信得到了，我們的盼望滿足了，所以我們各教友，都應當為我們的主教獻上兩樣禮物，

一、好好聽他的命：因為主教是天主派的代表來管理我們的，我們聽他的命，也就像聽天主命一樣。

二、熱心為主教祈求，求天主賞賜主教康寧睿知，以便撫眷吾羊，洪敷吾主的仁慈，

英主教去世以了，

後，剎那間又是一年，在這一年之內，我們江省各教友的心靈上，都覺失去一種莫名的依靠，感到了說不出來的酸楚，天盼望江省有一個主教，可是英主教是再無來在人間的希望了，現在早已安息在永福的天堂

教友們，不用盼了，仁慈的天主，又賞給我們一個神靈的依靠——胡主教。再

第二年第五期月刊　新　聞

六七

《龍沙公教月刊》新聞1934年第14期（由SMB檔案館提供）

第二年　第五期月刊　新聞

齊齊哈爾教區

胡幹普　司鐸　榮升主教

定十一月二日舉行慶祝儀式

天主教爲世界公教、舉世各國、莫不覩爲正宗、啟化愚蒙、造福人類、厥切之偉、世所周知、我齊齊哈爾教區、自前英賀福主教銳行意進以來、敎旨光大、敎友日增、久爲當局所稱頌、自一九三三年先主教英公返國、面謁敎皇、料理敎務、齊齊哈爾敎區事宜、乃由胡司鐸幹理代理、一九三四年先英主敎永息主懷、胡司鐸勉從事、以英主敎之精神爲精神、不眠不休、籌謀進展、本月十九號齊齊哈爾天主敎總堂接得瑞士國白冷會總長電開；

羅瑪敎皇特任命胡司鐸幹普爲齊齊哈爾敎區監牧等語、該敎會總堂接得此項電令後、預於十二月二日召集各縣司鐸及各地敎友、齊集總堂、舉行盛大之慶祝儀式：並於二號午前九時舉行大彌撒、據聞胡主敎澁江之始、堂僅兩楹、司鐸不過四人、敎友不過二千、而今司鐸席座、共達二十有八、敎友總計、萬一千八百餘人、益以胡公正式榮任主敎、敎務愈行順手、賴滿日當軸之援助、前途進展、正未有艾也。

按新任齊齊哈爾天主敎主敎胡公年四十一歲隸籍瑞士於該國大學畢業後、晉鐸司鐸之職、繼入白冷會、專辦敎務、一九二四年、派遣東來、首在山東兗州傳敎並練習華語、一九二六年、澁止龍江、任自立敎區神長、鉛套子之景修修道院、卽公所手創、厥後經理肇州肇東敎務成績斐然、近得正式榮任主敎、公敎前途可預賀焉。

〔錄×黑龍江民報〕

《龍沙公教月刊》新聞1934年第6期　（由SMB檔案館提供）

《龍沙公教月刊》1935年第5期扉頁
（由SMB檔案館提供）

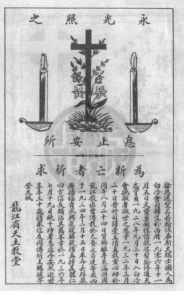

《龍沙公教月刊》底頁
（由SMB檔案館提供）

1936年7月1日，創刊3
周年時改版為《齊齊哈爾
市天主總堂鐸聲》

1937年6月30日，創刊
4周年改版為《鐸聲》。

馬升祥為《鐸聲》
主編，甄治國為發行人，
《鐸聲》的印刷是由蒼鴻
飛負責在齊齊哈爾新建街
的監獄作業科進行。

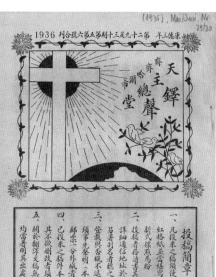

1936年版
《齊齊哈爾市天主總堂鐸聲》
（由SMB檔案館提供）

1937年─1938年版《鐸聲》
（由SMB檔案館提供）

「七七」事變後，日本殖
民者和滿洲國政府對東北人民
的思想和言論嚴加控制，《鐸
聲》遭到百般刁難，1939年被
迫停刊，10月才得以復刊。

太平洋戰爭爆發後，1942
年1月，《鐸聲》被迫正式停
刊。

1938年—1939年版的《鐸聲》
（由SMB檔案館提供）

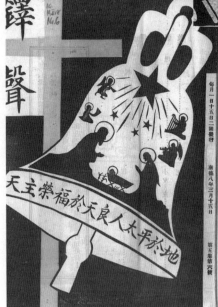

1940年—1941年版的《鐸聲》
（由SMB檔案館提供）

（第三期）　天主降生一九三四年四月十九日　（第一版）

龍江 天主教總堂 小報

超聖捷徑

聖若瑟為聖教會的大主保

（第二版）　（星期日）　龍江天主教總堂小報　滿洲國康德元年　十五日

滿主教親來的書信

（第三版）　（星期日）　龍江天主教總堂報　滿洲國康德元年四月十五日

夢

本堂司鐸　和敬林

代理主教謹　識

1934年4月15日

滿洲國康德元年四月十五日　龍江天主教總堂小報　（星期日）　（第四版）

祈禱宗會總意

五月

（由SMB檔案館提供）

十六、壯麗聖堂　鐘聲縈繞

1931年齊齊哈爾天主教堂（摘自SMB英文年鑒）

瑞士白冷外方傳教會在黑龍江傳教事業的發展，省府齊齊哈爾教徒人不斷增加，1931年華北中學開學後，因教堂狹小每週日彌撒都要分兩次進行。

　　1931年4月13日，英賀福主教將建築教堂的計劃報告給瑞士總會：「為了光榮天主，都市的教堂一定要莊嚴、雄偉，這樣才會給教外的人一個很好的印象和影響。齊齊哈爾教堂的建築，我們已經進行了一年的計劃和研究，現在我們周圍都建起高層樓房，齊齊哈爾教堂應該是最好的傳教典範，才會與這裡的寺廟進行競爭。雖然我多年沒有辦公室，但為了能夠建築一座規模宏大的教堂，我寧願放棄主教府建築，請允許我的計劃。」瑞士總會會長彭道非給予給英賀福主教大力的支持，回信告訴他：「給你籌集到10萬瑞士法郎寄去。希望能夠很好地利用。齊齊哈爾建築的教堂一定要比現在其它地方的教堂都好，教堂好對傳教事業會有極大的幫助」。

　　英賀福主教向瑞士總會保證：「經過一年多的計劃和準備，我完全可以向天主負責」。

Catholic Mission
sihar (Heilung-Kiang)
Manchuria.

黑龍江省齊齊哈爾
天主堂

TSITSIKAR,den 13.April 1931

Hochwürdigster,sehr verehrter Herr Generaloberer!

Empfangen Sie unseren herzlichsten Dank für Ihre liebevollen Osterwünsche und für die Übermittlung des apost.Segens.Ich hätte Ihnen so gerne vor Ostern noch geschrieben,doch hatte ich so viele Geschäfte zu erledigen,dass mir die notwendige Sammlung für einen solchen Brief mangelte.Versuche nun in Kürze Ew.Hochwürden zu berichten, was in letzter Zeit in der Mission geschah und was wir in nächster Zukunft zu tun beabsichtigen.

Vorerst kurz über den Gesundheitszustand unserer lb.Missionare. Von H.H.Hiltl abgesehen,geht es nun,Gott sei Dank,allen Missionaren, Schwestern und Schülern wieder recht gut.Die Typhusepidemie scheint uns endlich verlassen zu haben.Zur Verhütung ähnlicher Katastrophen werde ich in diesem Sommer Badezimmer und Krankenzimmer für die Missionare und auch für die Schulen einrichten lassen.-Um Sie von der Krankheit des H.H.Hiltl genau zu informieren,lege ich Ihnen den letzten Bericht bei,den mir Mutter Oberin von Harbin zukommen liess.Ich habe nun vor, den lb.Mitbruder hierher zu holen und ihn dann in ein Lungensanatorium in Fularki oder Chalantun unterzubringen,sobald diese eröffnet werden. Der Arzt sagte mir,dass ein Aufenthalt in der Schweiz ihm wenig nützen würde,da H.H.Hiltl noch einen Herzfehler hat,sodass hohe gelegene Kurorte für ihn nicht in Betracht kommen.-Die H.H.Manhart & Senn sind wieder ganz gesund.HH.Manhart hatte einen Lungenkatarrh;wie er mir sagte war er früher einmal lungenkrank.Der Arzt hat nichts von Bedeutung gefunden.H.H.Senn sei nierenkrank!ich glaube nicht.ich liess ihn sehr genau untersuchen,aber der Arzt konnte ausser einer starken Unterleibserklärung nichts anderes konstatieren.HH.Senn ist von Zweifel etwas

Srupulant betr.seiner Gesundheit,wird jedoch schon geheilt werden sobald er missionarisch arbeiten kann.Jetzt geht es ihm,wie er beteuert,sehr gut. Auch meiner Wenigkeit geht es gesundheitlich wieder recht gut;ich fühle mich so arbeitskräftig,wie letztes Jahr.Allerdings hatte sich die Rekonvaleszenz etwas lange hinausgezogen.Da ich fast 2 Monate lang brauchte um die Brandwunden,die ich während der Krankheit erlitt,auszuheilen,konnte ich auch nicht anderswohin zur Erholung gehen.Die ehrw.Schwestern haben jedoch hier so gut für mich gesorgt,dass ich weitere Erholung sicher nicht bedurfte.

Der vergangene Winter war wirklich eine schwere Prüfungszeit für uns alle. Ich bin überzeugt,dass der Segen nicht ausbleiben wird.Ja,fast will es mir scheinen,als ob die segenbringende Wirkung der überstandenen Leiden jetzt schon sich fühlbar mache.In allen unseren Christengemeinden regt sich etwas wie Pfingstgeist,die Katechumenen mehren sich und der Andrang zu unseren Schulen ist ein noch nie dagewesener.Hier in der Stadt haben wir z.B. an die 100 Schüler allein in der Knabenschule(Unter-& Realschule),in der Mädchenvolksschule an die 30,dazu noch gut 30 in der Katechismusschule für Mädchen.Eine Freude ist es mir Ihnen mitzuteilen,dass wir dieses Jahr 4 Mädchenschulen(Unterstufe der Realschule)neu eröffnen konnten,sodass wir nun,ausser der Jungfrauenschule(mmh)und ausser den Mädchen-Katechismusschulen noch M.Schulen-haben in Tsitsikar,Taichuan,Tailai,Gaensen,Wenguda,Laochangki. In all diesen Schulen haben wir staatlich geprüfte Lehrerinnen und viele heidnische Schülerinnen.In Gaensen besuchen sogar die Töchter des dortigen Kreismandarins unsere Schule.H.H.Küttel hat daselbst ebenfalls ca 150 Schüler i.e.in der Knaben-Mädchen-& Katechismusschule.In Tsitsikar,Gaensen und Chaochow sind Vorbereitungen getroffen betr.Registrierung der Schulen.NB. Auch in den Knabenschulen haben wir fast nur noch patentierte Lehrer.Hier in der Stadt konnte ich einen jungen christl.Mandarin als Schuldirektor gewinnen.Er sorgt für die Verbindung mit dem Unterrichtsministerium,hat guten Einfluss auf die Lehrer und hilft auch finanziell am Unterhalt der Schule.Ich habe grosse Hoffnungen auf die Schulen.Durch die Schüler konnten

1931年4月13日英賀福給白冷外方傳教會報告（由SMB檔案館提供）

wir schon oft ganze Familien für den hl.Glauben gewinnen.-

Auch das Seminar ist gut besucht.Aus bestimmten Gründen mussten wir

letztes Jahr einige Schüler entlassen.Trotzdem haben wir jetzt 36 Studenten.
Es herrscht ein guter Geist in der Seminar(5 Klassen),die Lehrer sind tüchtig
und harmonieren gut mit den Rektor.--In der Jungfrauenschule sind dieses
Jahr bereits 24 Kandidatinnen.Zwei Lehrerinnen und Sr.Franziska sorgen
für dieselben in jeder Hinsicht.Die Schülerinnen erhalten denselben Unter-
richt,wie die unteren Vorbereitungsklassen der staatl.Lehrerinnenseminare.-

Dank des grossen Eifers unserer guten Missionare konnten in jüngster Zeit
auch einige neue Stationen eröffnet werden.Im Süden hat Hr.Hugentobler eine
Station eröffnet in dem kleinen Städtchen Funglouthchen.Zudem hat er unweit
von Changfatun eine kleine Einwandererkolonie gegründet.Die Mission stellte
Land und Ochsen etc.HH.Herrmann hat zwischen Chaochow und Taiai ebenfalls
2 neue Gemeinden ins Leben gerufen(Totsee und(Maqinghgtchen.)Oelidchaen.In
Oelidchaen haben wir einen billigen Platz kaufen können.Meusingtchen ist
in Vorbereitung.HH.Huser hat zwischen Tsitsikar und Wenguda eine neue Sta-
tion aufgetan,nämlich in den grossen Flecken Uoniuhsiang.Wir haben daselbst
einen Hof gemietet,Schule und Katechumenat errichtet,in Vorbereitung sind
ferner:Pularki und Dungyangdchen.In Pularki mieten wir zuerst ein Haus;in
Dungyangdchen wurde mir gestern von einem reichen heidnischen Gutsbesitzer
ein grosser Platz als Geschenk angeboten.Alle diese genannten Orte sind für
das Christentum ganz neu erschlossen worden.

Aber auch die alten Stationen haben sich entwickelt.Ich nenne vor allem
Genmenn,Taiai & Tsitsikar.--In Genmaen hat sich die Christenzahl so vermehrt,
und die Schulen sind so überfüllt,dass dieses Jahr unbedingt angebaut werden
muss.Ich habe demnach folgende Bauten erlaubt:Drei"diesen"Priesterwohnung,
5 diesb Mädchenschulhaus und nochmals 4 diesen Knabenschulhaus.(Sehr wahr-
scheinlich werden wir dort die staatliche Realschule übernehmen können.Man
hat uns das Angebot gemacht.)Das jetzt als Kapelle und Priesterhaus dienende
Gebäude wird dann ausschliesslich als Kirche benutzt.(5 disen).--In Taiai

---

Ich wäre Ew.Hochwürden sehr dankbar,wenn ich in einiger Zeit etwas
Geld erhalten würde,besonders wenn allenfalls der Kauf des Ostplatzes
zustandekommen sollte.Wir haben noch ca. 30:000.US$,der Bank,aber
dies ist sozusagen alles Einwanderergeld.Falls es Ihnen jedoch nicht
möglich wäre,so bitte ich um recht baldige Benachrichtigung.

Auf Ihren Brief hin habe ich dem HH.Regional nahegelegt eine kleine
Station zu übernehmen.Er hat zugesagt und wird sich,in Angangki nie-
derlassen.Wir haben dort eine Knabenschule mit über 40 (umist heidnischen)
Schülern.Ich bin sehr froh um diese Anordnung.

Was mich die Anfertigung von Kleidchen betrifft,so bin ich sehr dankbar
dafür,wenn solche in chinesischem Schnitt angefertigt werden und wirklich
brauchbar sind.Da wir jetzt ziemlich viele Waisenkinder haben,so können
wir solche Sachen schon gut verwenden.Werde Ihnen nun einige chinesische
Schnittmuster zusenden.

Nun schliesse ich für diesmal,sonst wird das Brief zu schwer.Ich danke
Ihnen nochmals von Herzen für Ihre lieben Zeilen und für die guten Wünsche,
sowie für alle Ihre vielen Mühen und Sorgen um uns und unsere geliebte
Mission.-Wir beten ohne Unterlass für unsere lb.Gesellschaft,für unsere
Mitbrüder und Wohltäter,vor allem aber für unseren verehrten,guten Vater.

Mit ehrfurchtsvollsten Grüssen verbleibe ich

Ew.Hochwürden

dankbar ergebener Sohn in Xo

Eugen Imhof.

P.S.Dürfte ich bitten an beiliegende Adresse(Karmel Kos Vana)ein franz.
Bethlehem zu senden.Die Schwestern haben unsere Mission adoptiert und
interessieren sich sehr um unsere Gesellschaft & Mission.Zum voraus besten
Dank.

2

1931年4月13日英賀福給白冷外方傳教會報告（由SMB檔案館提供）

　　1932年1月5日，英賀福主教給總會報告記述：「聽說教會要建教堂，有10個不同國籍的建築公司與我商議建築教堂的事宜，建築大連教堂的日本建築公司幾次找到我，建築費用比其他公司都便宜，但我不願意與日本人合作，我是給中國人建築的教堂，不想傷中國人的心」。

即將施工的新教堂基址
（照片由UrsImhof提供）

　　「我比較喜歡德國建築設計師羅塔・馬科斯的寶利公司，他做事比較認真，前兩年在齊齊哈爾設計、建築了龍江旅館和省立圖書館，兩座建築都得了到非常好的評價。馬科斯不僅是一個建築家，還是一位優秀的經營者，在中國有著非常好的聲譽，他也是一位天主教徒」。

英賀福查看地下室的施工（照片由Urs Imhof提供）

新教堂鋼筋混凝土地基（照片由Urs Imhof提供）

1932年春節後，英賀福主教與羅塔・馬科斯寶利公司簽訂了建築合同，將海山胡同原天主教堂院落和新購買的45間舊房屋全部拆掉。

1932年4月，聖彌勒爾大教堂開始施工。

1932年5月4日，羅塔・馬科斯給好朋友Adolf Lucas信中寫到：「你一定喜歡聽以下的好消息：我們可以為齊齊哈爾天主教會建築大教堂，全部是鋼筋混凝土，包括那個上升到天空漂亮的教堂尖塔也都將是鋼筋混凝土的，全部施工用費是150,000dollar。目前，在中國東北政治和經濟都不穩定的情形下，這是一件很讓人欣慰的事」。

德國建築設計師羅塔・馬科斯（Lothar Marcks）（照片由Urs Imhof提供）

施工中新教堂（照片由Urs Imhof提供）

1932年6月5日，英賀福主教給總會報告稱：「齊齊哈爾所有的教友、教外的各界社會名流、紳士和商人，包括市長在內都為齊齊哈爾教堂進行了捐款。現在，我將新教堂的模型寄回總會，請將照片刊登在〈Bethlehem〉月刊上，希望閱讀到〈Bethlehem〉月刊的讀者們也都能為我們捐一些錢」。

1932年9月22日，英賀福主教報告中談到：「教堂已經建築到頂部」。

1932年10月3日，英賀福主教給總會報告中談到：「已經開始建築安裝教堂的棚頂、內柱和門窗，材料用的都是鋼筋水泥，只有牆壁是用磚砌的，但很堅固」。

　　1932年11月22日，英賀福主教給總會報告中寫到：「留在東北的中國軍隊到處都在與日本軍隊戰鬥，戰爭和水災使鐵路被毀壞，建築材料無法保證供應，延遲了教堂工程進度。鐘塔和教堂的外牆沒有建好，教堂窗戶的彩色玻璃已裝上，教堂內部裝修完成了，聖誕節時我們可以使用。教堂很壯麗輝煌，特別是教堂的內部裝飾，令所有人都讚歎，建築工人的工作比我想像的要好」。

1932年冬華北中學西部未完工的新教堂（照片由Urs Imhof提供）

1932年聖誕節新教堂裡的彌撒（照片由SMB檔案館提供）

建築中的教堂鐘塔（照片由Urs Imhof提供）

1932年聖誕彌撒前，在新建的教堂裡有79位成人男女和孩子進行了領洗。午夜彌撒，由英賀福主教親自主持，這一天對他有著重要的意義：十年前在羅馬拉特蘭大教堂晉鐸，做了第一台彌撒。今天，他又在自己營建的主教堂裡主持彌撒，800多位教友參加了彌撒。

1933年春，新教堂開始繼續施工，9月，

教堂頂部的鐘塔及院內的主教
府、神父辦公和宿舍樓三幢建
築全部竣工。

　　聖彌勒爾大教堂總占地面
積65,600平方米，建築面積為
12,034平方米。鐘塔高43米。
塔尖頂端上是高1.75米南北向
的十字架，塔身的鐘樓四周各
有一個鏤空十字架，鐘樓內懸
掛著從德國定制的五口銅鐘，
一大四小，大鐘高和直徑1米，
重1噸，小鐘高和直徑各是30釐
米，每個重100公斤。鐘樓每天
傳出三次的嘹亮悅耳、有節奏

聖彌勒爾大教堂
（照片由SMB檔案館提供）

聖彌勒爾大教堂北部主教府（摘自SMB英文年鑒）

聖彌勒爾大教堂西北神職人員宿舍

聖彌勒爾大教堂東北神職人員辦公樓和會議室
（摘自SMB英文年鑒）

的五音報時鐘聲。

　　教堂北側建有兩層黃色樓房是英賀福主教用拆掉的舊房子材料建築的齊齊哈爾監牧教區主教府，建築面積360平方米，是主教和副主教辦公和住宿之處。

　　教堂東北側建一座兩層青磚樓房，建築面積972平方米，樓上為神職人員的會議室，冬季兼做教徒的禮拜堂。樓下是廚房、食堂和接納外地教徒的招待所。

　　教堂西北側也建有一座兩層青磚樓房，建築面積794平方米，是本地和白冷會神父辦公、住宿之處。教堂西南側建了三間紅磚瓦房，是為慕道者作講習用的要理房。

　　聖彌勒爾大教堂建成後成為齊齊哈爾天主教總堂。黑龍江省府齊齊哈爾成為瑞士傳教會派來的男、女傳教士的本部，齊齊哈爾教區福傳、教育、醫療及公益慈善服務的中心。

聖彌勒爾大教堂祝盛儀式（照片由SMB檔案館提供）

　　1933年10月8日，齊齊哈爾聖彌勒爾大教堂舉行了盛大的竣工祝聖盛儀式。

　　教堂內宏大而又明亮，北端是祭台，北牆紅色絲絨幔帳上寫著拉丁文格言「一切光榮和尊重皆屬天主」，紅色絲絨幔帳前方懸掛著背負十字架的耶穌像。東西牆壁上繪有《聖經》故事的壁畫，四周長條窗戶鑲著德國進口的五色花紋玻璃。參加祝聖儀式的來賓和教友1000多人聚集在大教堂裏。

　　前來參加教堂祝聖的各界人士都讚歎：「齊齊哈爾天主堂是黑龍江省省府象徵的標誌，是齊齊哈爾建築瑰寶」。省府各界人士向天主堂贈送了長幅賀幛、賀詞和賀禮，希望天主教繼續以它的光輝形象造福黑龍江。

　　英賀福主教親自主持了隆重的祝聖儀式彌撒，首先向參加儀式的嘉賓和教友介紹了祭壇幔帳上的格言「一切光榮和尊重皆屬天主」的含義。

聖彌勒爾大教堂祝聖儀式全體神職人員（照片由SMB檔案館提供）

齊齊哈爾教區第一位國籍神父丁儒吉代表講話，在講話中，丁儒吉神父回顧了齊齊哈爾天主教發展的歷史：「從白冷外方傳教士到齊齊哈爾時的8米長、5米寬的小教堂，到今天新建的大教堂、先進修道院、學校和廣大傳教區，都是天主降福的功勞。請教區所有的教友記住：這個輝煌壯麗大教堂是瑞士白冷外方傳教會和廣大教友捐助建成的」。

在齊齊哈爾教區各地服務的28位白冷外方傳教會神父們參加了聖彌勒爾大教堂祝聖儀式，並共同合唱了歌唱教皇的歌曲和瑞士的一首名歌」。

800多位教友參加了彌撒。在風琴的伴奏下，陸化民院長帶領船套子修院修生們唱起拉丁文的彌撒歌，唱詩班孩子們優美動聽的歌聲縈繞在教堂上空。

華北學校的學生們用舞蹈和表演慶祝聖彌勒爾大教堂竣工。

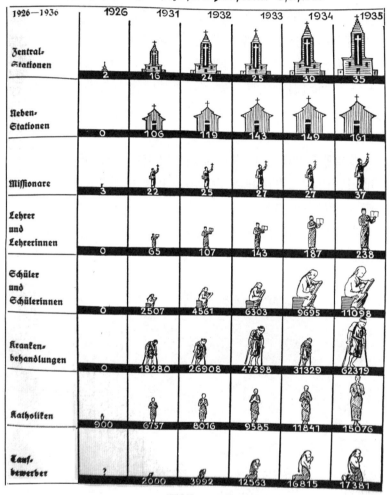

1926年—1935年齊齊哈爾監牧教區發展數據（摘自SMB月刊〈Bethlehem〉）

據瑞士白冷外方傳教會檔案館數據統計：截至1935年，齊齊哈爾教區面積達487875 km²，下轄龍江、濱江、興安三省39個縣，總人口4600000人，擁有教民15076人。

　　瑞士白冷傳教會神父們共在黑龍江傳教區營建了89座教堂，其中容納400人以上的教堂3座：除了齊齊哈爾最大的主教堂——聖彌勒爾大教堂，還有兩座基督村屯大教堂：1931年竣工的林甸縣永合屯大教堂和1934年竣工的龍江縣文古達大教堂。

　　齊齊哈爾傳教區南部以肇州長發屯為中心的天主教會也不斷地得到擴展，先後興建了肇州天主堂、老城子天主堂、宋站天主堂和肇東天主堂。

　　在齊齊哈爾周邊地區的昂昂溪和富拉爾基天主堂也隨著紛紛建起。

陸化行神父在索伯台組織教友立鐘塔（摘自SMB英文年鑒）

齊齊哈爾龍江縣索伯台天主堂（摘自SMB英文年鑑）

索伯台天主堂前祭台（照片由SMB檔案館提供）

齊齊哈爾甘南縣天主教會（摘自SMB英文年鑒）

齊齊哈爾甘南天主堂（摘自SMB月刊〈Bethlehem〉）

祝聖永合屯天主堂（摘自SMB月〈Bethlehem〉）
（左→右）：樂神父、石作基、英賀福、郗化民和雷猛神父

英賀福主教與全體永合屯教友（摘自SMB英文年鑑）

龍江縣文古達村天主堂（照片由SMB檔案館提供）

肇州長發屯天主堂（摘自SMB月刊〈Bethlehem〉）

肇州天主堂（照片由SMB檔案館提供）

肇東天主教會（摘自SMB月刊〈Bethlehem〉）

肇東天主堂

齊齊哈爾昂昂溪天主堂（孔祥琦水彩畫）

齊齊哈爾富拉爾基天主堂（照片由SMB檔案館提供）

十七、籌建大學　榮歸故里

英賀福主教在拜泉天主堂視查教務（照片由SMB檔案館提供）

英賀福主教在肇州長發屯視查教務（照片由SMB檔案館提供）

　　從1924年10月1日離開瑞士九年間，英賀福主教從未回國，主持教區工作後，每天只睡四、五個小時。1931年9月7日，彭道非總會長寫信給英賀福：「到明年春天興建教堂還有一段時間，請主教在冬天到來前回國修養」。

PRAEFECTURA APOSTOLICA
DE TSITSIKAR.
(Manchuria)
No.670/33

Tsitsikar,den 16.Juli 1933.

Hochwürdigster,sehr verehrter Herr Generaloberer!

Leider ist es mir noch nicht möglich,Ihnen den Status & die Abrechnungen zu übermitteln,da noch einige Eingaben von Aussenstationen fehlen.Doch hoffe ich bis Ende d.M.Ihnen alles überreichen zu können.

Indessen möchte ich Ew.Hochwürden heute einen Vorschlag unterbreiten.-Der Generalrat hat in sehr zuvorkommender Weise beschlossen,lt.Ihres Briefes,auch den Apostol.Praefekten zum Generalkapitel einzuladen,falls er nicht als Deputierter gewählt würde.Nach reiflicher Ueberlegung würde ich es jedoch vorziehen,nicht am Gen.-Kapitel teilzunehmen,sondern dieses Jahr mit Ew.Hochwürden eine Besprechung der jetzt brennenden Fragen der Mission zu haben.Meine Gründe dafür sind etwa folgende:

1.An der kürzlich stattgefundenen Pastoralkonferenz in Tsitsikar haben die Missionare den Wunsch geäussert,dass ausser dem Apostol.Praefekten,der lt.früheren Bestimmungen kein aktives Stimmrecht besitzt,noch drei Mitglieder aus der Mission am Kapitel teilnehmen.Da es ohne Zweifel nur die tüchtigsten Missionare sein werden,die zum Gen.-Kapitel abgeordnet werden,könnte es unter Umständen für die Mission sehr nachteilig sein, wenn auch der Apostol.Praefekt abwesend wäre.

2.Sollte,wie vorgesehen,nächstes Jahr die Mittelschule & das Seminar ausgebaut und die Konferenz der Ordinarien der Mandschurei abgehalten werden,so wäre die Abwesenheit des Miss.-Obern sehr ungelegen.

3.Viele Probleme der Mission sind so akut geworden(Berufung von Lehrkräften f.unsere Schulen,Ausbau der Schulen,Finanzierung,Missionspersonal,Schwestern etc.),dass eine Verschiebung der Lösung bis zum Gen.Kapite

No.670/33 p.2.

kaum zulässig wäre.Schriftliche Verhandlungen aber sind m.E.ungenügend

4.Eine persönliche Aussprache mit Ihnen vor dem Gen.-Kapitel scheint mir die beste Vorbereitung des Kapitels zu sein,sowohl für die Mission als auch für die Heimat.Ebenso für die Abfassung des Direktoriums.

5.Da ich dieses Jahr die gesamte Mission visitiert habe & auch die Kathedrale in einigen Wochen fertig sein wird,so wäre ich jetzt am besten abkömmlich.Ueberdies ist gegenwärtig auch die politische Lage in der Mission ziemlich ruhig.Man muss aber dennoch mit einem eventuel Krieg mit Russland rechnen;es wäre mir furchtbar,wenn ich alsdann von der Mission abwesend wäre,zusammen mit den erfahrendsten Missionaren.

Das sind einige Gründe,die mich veranlassen,Ew.Hochwürden den erwähnten Vorschlag zu machen.Es ist dies nicht nur mein persönlicher Vorschlag,sondern auch der meiner Mitarbeiter.Dennoch wünsche ich ganz und allein nach Ihrem Willen zu handeln und bin bereit,die Reise bis zum Generalkapitel zu verschieben oder ganz aufzugeben d.h.auch vom Kapitel fernzubleiben.Sollten Sie jedoch meinen Besuch jetzt erwünsch so bitte ich um möglichst baldigen Bescheid,damit ich im September ab reisen und im Spätherbst od.Winter d.J.wieder in der Mission sein kan

Inzwischen grüsse ich Sie mit Ehrfurcht und verbleibe

Ew.Hochwürden
dankbar & gehorsamst ergebener
Sohn in Xo

英賀福給瑞士總會的報告（文件由SMB檔案館提供）

英賀福主教在回信中寫到：「還有許多工作要研究，現在不能回去」。

1933年7月16日，英賀福主教寫信給總會長，第一次提出要回瑞士商討傳教區教務：「關於與本篤會中學合作和在齊齊哈爾建立大學等事宜，必須馬上討論。今年我的時間比較充裕，從3月份開始，我對傳教區的全部教會進行了巡視，調查瞭解到每個教會的所有狀況，聖彌勒爾大教堂馬上就要竣工，目前黑龍江的政治局勢比較穩定，如果總會允許，我將於9月離開齊齊哈爾，最晚冬天到來前回來」。

1933年8月11日，彭道非總會長回信：「允許，請馬上回來」。英賀福主教徵求教區神父們的意見，神父們都認為聖彌勒爾大教堂全部竣工祝聖後回去比較好。

Catholic Mission
TSITSIKAR
(Heilungkiang-Manchuria)

No.964/33

TSITSIKAR,den 1.Oktober 1933

Hochwürdigster,sehr verehrter Herr Generaloberer!

Sie werden inzwischen mein Telegramm erhalten haben,worin ich
Ew.Hochwürden mitteilte,dass ich gedenke,diesen Herbst nach Europa zu
reisen.Wenn also nicht eine"force majeure" daran hindert,werde ich
voraussichtlich Ende dieses Monats abreisen.Sollte ich trotz der Zu-
sage d.J.nicht reisen können,so würde ich Sie telegraphisch kurz be-
nachrichtigen.

Heute möchte ich Ew.Hochwürden nochmals dringend um Geld
bitten,falls Sie unterdessen nicht schon geschickt haben.Ich habe
nämlich letzte Woche einen Bauplatz für die Mittelschule gekauft und
muss in kurzer Zeit auch noch die letzten 5% des Kirchenbaues bezahlen
sodass unsere Kasse fast vollständig erschöpft sein wird.-Zum voraus
meinen innigsten Dank dafür.

Der neue Bauplatz für die Mittelschule liegt unmittelbar
ausserhalb der nördlichen Faubourg,ist hoch gelegen,mit sehr vielen
Bäumen umsäumt und eignet sich nach dem Urteil Aller ausgezeichnet für
eine Schule.Der Platz ist etwas mehr als 20 Shang gross,hat also einen
Flächeninhalt von rund 147456 qm.oder 14½ Hektaren,bietet also Raum
genug,um event.auch noch ein Kloster zu bauen.-

Für heute schliesse ich,damit der Brief rechtzeitig fort
kommt.-Mit den ehrfurchtvollsten Grüssen verbleibe ich Ew.Hochwürden

dankbar ergebener Sohn in Xo

英賀福給瑞士總會的報告　（文件由SMB檔案館提供）

　　1933年10日1日，英賀福主教在報告中告訴彭道非總會
長：「從華北中學建校後，黑龍江省政府和齊齊哈爾市官員曾
經幾次向我建議創辦大學，已經準備好土地賣給教會。我認為
辦大學是天主的旨意，非常願意去做。但要經過羅馬教皇的同
意，由傳信部討論後決定」。「準備建大學的土地已經買好
了，20坰，相當於我們的147,456平方米，在北部的郊區……。
天主教堂院內的建築全部竣工，費用結算完畢」。

　　1933年10日23日，英賀福主教在信中告訴彭道非總會長：
「10月29日從齊齊哈爾乘火車出發，經西伯利亞到達柏林，先
到羅馬拜會教皇，再回到瑞士」。

中東鐵路齊齊哈爾昂昂溪火車站　（齊齊哈爾檔案館收藏）

　　1933年10日29日，在華北學生樂隊的伴奏下，齊齊哈爾教區的神父、教友和學生100多人，日偽滿洲國的官員代表也來到火車站為英賀福主教送行，祝英賀福主教旅行平安、順利。

英賀福主教的禮卡
（由Urs Imhof提供）

　　1933年11月10日，英賀福主教順利地到達羅馬，拜會了教皇比約十一世，「匯報了齊齊哈爾教區的工作及創辦大學的事宜。並代表黑龍江教友向教皇贈送了東北特產：兩張珍貴貂皮和一隻500多年的老山參」。

　　1933年11月11日，英賀福主教回到了闊別了10年之久的家鄉威廷根，與家人團聚。11月13日，英賀福主教返回白冷外方傳教總會彙報、研究傳教區事務。

英賀福在瑞士沃爾胡森修道院與總會神父和修生（照片由SMB檔案館提供）

英賀福在瑞士總會門前與總會神父和修生們告別（照片由SMB檔案館提供）

英賀福最後寫給母親及家人的信
（文件由SMB檔案館提供）

1933年12月14日，英賀福主教從瑞士啟程，乘船開始了橫渡大西洋到美洲，穿越太平洋返回齊齊哈爾教區的旅行。

1933年12月21日，英賀福主教到達美國紐約，在紐約停留兩天之後，乘火車北上，開始了穿越北美大陸的旅行。經過五天的旅行，28日，到達了加拿大西部的港口城市溫哥華。

英賀福主教入住在溫哥華港口的喬治亞酒店後，用酒店的信紙給瑞士的母親及家人寄出了他的最後一封信及乘坐的客船明信片。

「不列顛哥倫比亞省
溫哥華喬治亞酒店
1933年2月28日

我敬愛的媽媽和所有的兄弟姐妹！

　　我又向前行進了一大段旅程，在紐約遊覽了兩天，領略了這個擁有百萬人口城市繁忙的生活，儘管如此，我還是感覺非常寂寞，這裡的聖誕節氛圍令我很驚訝，到處都是聖誕樹和色彩繽紛的電燈，我在一輛計程車裡聽到了著名的聖誕歌曲。離開紐約後，我乘火車開始了從美國到加拿大的長途旅行，五天時間裡經過紐約州西部的布法羅後進入加拿大，從多倫多向西北經過了溫尼伯、卡爾加里到達了溫哥華港。這是一次非常有趣而又美好的旅行，我特別喜歡加拿大的阿爾卑斯山，有很多的雪，氣溫在零下40度，像齊齊哈爾一樣的寒冷。第一次自己一個人慶祝聖誕節，是在從溫尼伯到溫哥華港的火車上度過的。因此，有時間想念你們，很遺憾不能做彌撒。後天（30日），我要乘坐日本的客船穿越太平洋，將於新年的1月14日到達日本。

　　按著天主的旨意，我到達日本後再決定繼續旅行的行程。我很想念你們，非常渴望早一天回到齊齊哈爾。這個旅行沒有家人，沒有教友，感覺像是被懲罰了一樣。

　　你們收到這封信時，我可能已經到達日本。我祝願你們身體健康，一切都好，新年快樂，衷心地感謝您們對我的愛。

　　願天主降福你們，保佑你們。我每天都會為你們各位進行祈禱。

　　　　　　　　　　　　感激你們的兒子、兄弟、叔叔。

　　　　　　　　　　　　於加拿大的溫哥華

　　　　　　　　　　　　Eugen Imhof」

E. W. HUDSON,
MANAGER

Letzter Brief.

TELEPHONE
SEYMOUR 5742

3

HOTEL GEORGIA

VANCOUVER, B.C.

29. Dec. 1933

Hochw. u. Herr Regens!

Bin wieder ? Schritt weiter. Nach fünf-
tägiger Reise kam ich von New-York via
Buffalo - Toronto - Winnipeg hier an
und morgen geht es mit der „Empress of
Japan" über den Pacific. - Die Reise verlief
bis anhin recht gut. Das Schönste was ich sah
waren die Rockies, die Canad. Alpen, welche mich
sehr an die Heimat erinnerten. - Über New-York-
City liesse sich ein Buch schreiben! Ich fühlte
mich wohl nie so einsam in meinem Leben, wie
grade in dieser Millionenstadt mit ihrem unbe-
schreiblichen Betriebe. -

Entbiete Ihnen und allen hochw. Herren, Patres
u. Novizen die erlesensten Grüsse und empfehle
mich auch fernerhin Ihrem hl. Gebete.

英賀福給彭道非會長的信（文件由SMB檔案館提供）

1933年12月29日，英賀福主教又在喬治亞酒店裡給瑞士白冷傳教會總會長彭道非寄出了生前最後一份報告：

「您好，敬愛的會長！

　　我的旅行現在又前進了一大段。歷經了五天旅程，從紐約經過布法羅後進入加拿大，從多倫多向西北經過了溫尼伯、卡爾加里已到達了溫哥華港。明日要乘「日本皇后」號客船開始穿越太平洋的航行。一路的旅行非常美好，我看到的最美風景是洛基山脈和加拿大的阿爾卑斯山，使我想到祖國。僅紐約市就足以寫一本書！我一生從來沒有感覺到在這個忙碌的百萬人口城市裡會那麼孤獨。

　　致以您及所有神父、修士和修院學生們最誠懇的敬意，並懇求您繼續為我祈禱。

Eugen Imhof」

1933年12月30日，英賀福主教在加拿大溫哥華港乘坐日本「皇后」號客船穿越太平洋，1934年1月14日到達日本，又從日本乘船到達中國大連港。

S.S. EMPRESS OF BRITAIN AT QUEBEC.
PHOTO BY CANADIAN AIRWAYS LIMITED

英賀福乘坐的日本客船明信片（照片由SMB檔案館提供）

十八、列車脫軌　離奇遇難

中東鐵路國際列車脫軌現場（照片由SMB檔案館提供）

在英賀福主教告別瑞士一個月後，1934年1月19日，瑞士白冷外方傳教總會接到了噩耗：「17日，英賀福主教在返回齊齊哈爾教區途中列車脫軌遇難」。

1934年1月17日晚8：46分，中東鐵路從哈爾濱開往滿洲里的國際列車在泰康縣（今杜爾伯特自治縣）小蒿子－煙筒屯間行進中發生脫軌事故。

列車頭與後面煤車、一、二等臥鋪車廂及餐車脫軌，滾落到路基下約10公尺遠的荒原雪地上，列車脫軌後車廂起火，一、二等臥鋪車廂和餐車全部燒毀。列車脫軌遇難乘客四人，其中包括年僅35歲，從瑞士返回齊齊哈爾教區的英賀福主教。

News

from the Apostolic

Prefecture of

Tsitsikar

Report of the railway accident which took place on the 17th of January and the death of Mgr Imhof.

After the first contradictory reports which were given by the telegraphic agencies, daily newspapers and periodicals of the death of Monsignor Imhof, we are now in a position to give more accurate details of the tragedy. A letter from the Pro-Prefect, Father Hugentobler, bearing the date of the 20th of January gives more precise information with respect to the strenuous efforts and endeavours which have been made by the Mission in order to elucidate the mysterious disappearance of Mgr. Imhof. A second letter, was despatched on the same day which was written by Father Patrick Veil, who, all unwittingly, was travelling in the same train as Mgr. Imhof. As an eye-witness of the catastrophe, he is qualified to give more exact details of the derailment of the train. But he was unable to glean any information as to the manner in which Mgr. Imhof met his death. We then received a telegram from Tsitsikar giving us the address of a German passenger from Tsientsin who travelled from Harbin in the same compartment with Mgr. Imhof. In answer to our request for information, this gentleman, Herr Johannes Krämer, who is the manager of the Hopei Ching Hsing Mines, Tsientsin, readily gave us precise details of the catastrophe. This report which has removed the last vestige of doubt and uncertainty, was written in Breslau and bears the date of the 7th of February. We print the three letters in this number of the Bethlehem in order that their contents may be read word for word. Our readers will, assuredly, be so kind as to forgive any repetitions that may occur for they tend to confirm the statements of the individual witnesses of the accident.

Terrible news. On the spot. Search for Mgr. Imhof.

Tsitsikar 20th January 1934.

Reverendissime Superior General.

Instead of the glad news of the safe return of Monsignor Imhof I was obliged to send you, yesterday, terribly sad tidings.

On Sunday the 14th instant we received the following telegram: Arrive Tuesday or Wednesday via Taonan Imhof. It was despatched from Japan Teikokuhotern (Empress Hôtel) probably from Kobe. Why Monsignor travelled by the Harbin route is, at present, an unsolved mystery. We then set to work to prepare for his reception, going to the railway station on the Tuesday and again on the Wednesday. As Monsignor did not arrive even on

英賀福遇難報道（摘自SMB月刊〈Bethlehem〉）

1934年1月20日，齊齊哈爾教區副主教胡干普神父給瑞士總會會長彭道非發回了4頁的長信，詳細報告了英賀福主教所遭遇的車禍：

Tsitsikar,den 20.Januar 1934.

Hochwürdigster Herr Gneraloberer!

　　　　　Statt der frohen Nachricht von der glücklichen Rückkehr Monsignore Imhofs,musste ich gestern eine furchtbare Trauerbotschaft übermitteln.Am Sonntag,den 14.,vormittags erhielten wir noch folgendes Telegramm:Ankomme Dienstag oder Mittwoch via Taonan Imhof. Es war abgesandt von Japan Teikokuhoteru (Empresshotel) wahrscheinlich von Kobe. Warum Monsignore dann über Harbin kam,ist heute noch ein ungelöstes Rätsel. Wir rüsteten also zum Empfang,gingen am Dienstag auf den Bahnhof,ebenso am Mittwoch.Als Monsignore am Mittwoch Abend wieder nicht aus dem Dairen-Taonanzug ausstieg,glaubten wir,es würden ihm irgendwo Durchreiseschwierigkeiten oder dergl.begegnet sein.Wir telephonierten nach Harbin an die französischen Patres und sandten ein Telegramm an die Mission von Dairen.Von beiden Orten wurde berichtet,Monsignore sei in der Mission nicht gesehen worden. Endlich am Donnerstag Vormittag gegen 1o Uhr kam P.Veil von Anta und erzählte von einem Eisenbahnunglück,das er miterlebt und teils mitangesehen hatte,und das sich etwa in der Mitte zwischen Siaohaotse und Dahaotse,also 90 Li vor Anganki,am Mittwochden 17.Januar abends kurz vor 9 Uhr zugetragen hatte. P.Veil sass etwa im elften Wagen (3.Kl.). Als der Zug plötzlich stockte,glaubten alle an einen Räuberüberfall.Erst wagte sich niemand hinaus.Als P.Veil etwa nach zehn Minuten ins Freie trat, sah er,dass der Zug vorne entgleist war und lichterloh brannte. P.Veil hatte vorerst keine Ahnung,dass Monsignore im selben Zuge reiste.Erst als ein Russe ihn für einen Missionar aus Tsitsikar hielt,der auch im Zuge gewesen sei,wurde er stutzig und dachte zuerst an P.Ruf etc.　Um Mitternacht kamen von Anta und Anganki die Hilfszüge.Die Pasagiere stiegen um,auch die Verwundeten wurden umgeladen. Etwa um drei Uhr fuhr der Zug,in dem P.Veil war,nach Anganki ab. In der dortigen Missionsstation des P.Hiltl – dieser weilte gerade in der Zentrale – fand er ein Telegramm: Komme heute von Harbin Imhof.Damit hatte er die furchtbare Gewissheit,dass Monsignore mit demselben Zuge gereist

副主教胡干普給瑞士總會的報告（文件由SMB檔案館提供）

sein musste.Nachdem P.Veil solchen Bericht gebracht hatte,fuhren
wir sogleich zum japanischen Konsul,in der Annahme,er werde im
Besitze eines offiziellen Tatbestandes sein.Er wusste aber wenig,
und es hatte den Anschein,als sei ihm eine Meldung zugegangen,
die der schaurigen Wirklichkeit dessen,was sich ereignet hatte,
nicht entsprach.Dann fuhren HH.Hiltl,Ruf und ich im Auto sofort
an die Unglücksstätte.Die Maschine und etwa sechs Wagen waren
entgleist und zum grössten Teil den mehr als bahnwagenhohen
Damm hinuntergeschleudert.Die Lokomotive lag mehr als eine
Wagenbreite vom Damm entfernt.Zwischen ihr und dem Damm stand
der völlig ausgebrannte Speisewagen,und vor diesem lag umge-
stürzt der Wagen erster und zweiter Klasse; alles zusammen ein
nur mehr schwach rauschender Trümmerhaufen von Eisengewirr,
Federn,geschmolzenem Glas und verkohlten Gegenständen. Nachdem
das Unglück geschehen war,musste eine Rettung für jene,die den
Sturz überlebt hatten,sehr schwer gewesen sein.Die Eingänge
vorn und hinten waren durch den Aufprall an der entgleisten
Maschine,bezw.der hinteren Wagen,buchstäblich zu einem undurch-
dringlichen Eisennetz gequetscht,also versperrt. Die eine Fenster-
reihe kam an den Boden,die andere nach oben zu liegen.Der Gang
in dem die Passagiere hin und her gehen,lag wahrscheinlich unten.
Licht war keines mehr,und die in den Wagen eingebaute Heizung
verursachte sofort den Brandausbruch,der sehr schnell um sich
griff und in kurzer Zeit,wie die Überlebenden erzählten,den
Wagen mit Qualm erfüllte. Als wir ankamen war natürlich alles,
was brennen konnte,verbrannt,und das Blech des Daches war schon
abgerissen.Ein Rest von einem verkohlten Leichnam ragte noch
aus den Trümmern. Eine Abteilung Soldaten hielt Wachdienst.
Wir fuhren zurück nach Anganki. Dort hatte unterdessen ein
chinesischer Arzt,der am Morgen mit dem Rettungszug gefahren
war,ausgesagt,er hätte Monsignore gerettet gesehen. Wir suchten
diesen Mann auf;aber es stellte sich heraus,dass seine Aussagen
nicht stimmten,da er Mons.Imhof wahrscheinlich mit P.Veil ver-
wechselt hatte.
Dann fuhren wir ins Spital und wurden zu einem Verunglückten
aus dem Wagen zweiter Klasse vorgelassen,der durch den Sturz den
Arm gebrochen und am Kopfe einige Schürfungen hatte.Er war aus
dem Wagen entkommen,da ein deutscher Herr das Fenster einge-
schlagen hatte und nach oben hinauskletterte.Nach dem Deutschen

十八、列車脫軌 離奇遇難

副主教胡干普給瑞士總會的報告（文件由SMB檔案館提供）

「1934年1月20日　齊齊哈爾

尊敬的總會長：

　　昨天，我正準備向您報告英賀福主教順利到達教區的喜悅消息時，卻給您發了一封非常殘忍的電報。1月14日，我接到了這樣的電報：「我經洮南週二或週三到達，英賀福」。電報是在日本一個名叫『皇后』的旅館發出的。目前，主教為什麼要經過哈爾濱到達齊齊哈爾，我們不知道其中的原因，是一個難題，我們無法回答。我們做好準備，週二到火車站去接主教，週三也到火車站去接他，但是，從大連經洮南到齊齊哈爾的火車都沒有看到他。因此，我們考慮主教可能在什麼地方遇到了阻礙，不讓他經過。1月17日（週三）晚上，我打電話給哈爾濱天主堂的法國神父們，也打電報給大連的天主堂，兩個地方的神父都沒見到過英賀福主教。18日（週四）上午10點鐘時，從安達回齊齊哈爾的費道宏神父，向我們講訴了他剛剛親身經歷的車禍，車禍地點發生在泰康縣大蒿子與小蒿子之間，距昂昂溪90里的地方，車禍是1月17日晚上快9點鐘時發生的，費道宏神父在第11節車廂（三等車廂），他覺得火車突然停了，以為是遭到土匪進攻，因此，車廂裡沒人敢出去，10分鐘後，費道宏神父來到車廂外，看到前面的車廂已經脫軌，脫軌的車廂正火光熊熊地燃燒著。費道宏神父不知道英賀福主教也在這列火車上，一位俄國列車工作人員問他：「你是齊齊哈爾的神父嗎」？費道宏神父一驚，感覺很奇怪。他想：難道車上還有其它神父嗎？

　　半夜，從安達和昂昂溪分別開來了救助列車，受傷的乘客都被抬上了救助列車，其他乘客也都改換了車。三點鐘，費道宏神父乘坐救援的列車駛向昂昂溪，他來到昂昂溪教堂，教堂的神父不在。費道宏神父看到桌子上放著一封電報：「我今天要從哈爾濱到達昂昂溪。英賀福」。

　　這時，費道宏神父才知道他與英賀福主教是坐同一列火車回來的。他馬上趕回到齊齊哈爾教會，將主教也乘脫軌列車回來的消息告訴了我們。之後，我們馬上去找日本領事，希望在他那裡能有正式的報告，但是，日本領事知道的不是很詳細。

　　於是，我與郗化民神父、陸化行神父駕駛汽車馬上趕

到車禍地點，車禍現場是這樣的：火車頭與後面六節車廂脫軌，車廂多半掉到了路基上，火車頭與路基之間距離大約10公尺，餐車已經完全燒毀，一、二等臥鋪車廂還在冒著煙，全部是焦糊的碎片廢墟。車禍發生後，營救裡面的人一定很困難：脫軌車廂的前後門都被擠壓在一起，窗戶一面朝天上一面朝地，車廂通道朝下倒地，掉下的行李和車上物品將通道堵死。車廂裡沒有燈光，車廂之間的火爐會馬上將車廂燃燒，車廂裡會立刻充滿濃煙。下午，我們趕到時，所有脫軌的車廂的物品都已燒盡，只剩下燒黑的鐵皮和仍在燃燒的行李和屍體，軍隊在那裡看護著現場。

我們回到昂昂溪聽說一個中國醫生在早上的救護車上看到英賀福主教在救助的人當中。我們去找到那位醫生，向他詢問時，發現他講的可能是費道宏神父。我們又到醫院找二等車廂受傷乘客，一位斷了一隻胳膊，頭部也受傷的人說：「由於車廂內一位德國人打碎了窗戶，爬了上去，將車廂裡的中國女人和孩子救出，他斷了胳膊爬不上窗戶，德國人和中國女人一起將他從燃燒的車廂里拉出來時，他已經快窒息了，他在車廂裡見過英主教，車禍前一直與德國人在聊天，車禍後被救的人中沒有英賀福主教」。

還有一個希望可能在哈爾濱，已有20位重傷的乘客被送到哈爾濱，一位列車上工作人員說：見過英賀福主教，好像失去了一隻眼睛。我們當天晚上，給哈爾濱的法國領事發了電報，19日，也給德國領事打了電話。請他們幫助到治療受傷乘客的醫院去查找。我們查找了一整天沒有結果，晚上回來，收到哈爾濱法國領事的電報：「英賀福主教不在哈爾濱醫院」。

為了得到更詳細的情況，21日，巴樂德神父到哈爾濱

3

rettete sich noch eine chinesische Frau,hernach ihr Kind und
dann der Verwundete,mit dem wir sprachen.Er konnte,da ein Arm
unbrauchbar geworden,nicht selber hinausklettern und wurde dann,
da er schrie,von der Frau,die vor ihm hinausging,herausgezogen.
Er sagte,er hätte schon geglaubt,im Rauche ersticken zu müssen.
Die Beschreibung,die er von Monsignore gab,stimmte.Monsignore
hätte noch kurz vor dem Unglück mit dem Deutschen gesprochen,
unter den Geretteten aber,die er gesehen,sei Monsignore nicht
mehr gewesen.Noch blieb als letzte Hoffnung,Monsignore könnte
mit einer Abteilung Verwundeter nach Harbin geführt worden sein.
Diese Abteilung zählte etwa 20 Personen. Zudem hatte irgend ein
Bahnangestellter die Rede in Umlauf gesetzt,er hätte Monsignore
gerettet gesehen,dieser hätte jedoch ein Auge verloren. Noch
am Donnerstag Abend baten wir den französischen Konsul von
Harbin telegraphisch,und am andern Morgen auch den deutschen
Konsul,bei den dortigen Verwundeten nachzuforschen.Diese Nach-
forschungen nahmen den ganzen gestrigen Tag in Anspruch. Am
Abend kamen die telegraphischen Antworten,Monsignore Imhof sei
weder in den Krankenhäusern von Harbin noch von Fukiatien zu
ermitteln. - Um mehr Einzelheiten zu erfahren,wird P.Blatter
morgen nach Harbin reisen.
Gestern fuhren nochmals zwei Patres von uns an die Unglücks-
stätte,mit einem Ausweis vom japanischen Konsul,um mit Hilfe
der Arbeiter,welche die Trümmer aufräumen,nach irgend einem
Zeichen oder Anhaltspunkte zu suchen. Auch diese Bemühung blieb
ohne Erfolg.In jedem Abteil fanden sie ausgeglühte Gebeine
von Opfern des Unglücks.

Dies in Kürze die Trauerbotschaft.Ich kann Ihnen nicht sagen,
wie niederschmetternd und unglaublich dieses Ereignis auf uns
Missionare,auf die Schwestern und Christen gefallen ist. Alles
war voll froher Hoffnung auf ein unmittelbar bevorstehendes
Wiedersehen.Nun nahm es in letzter Stunde diesen tragischen
Ausgang.Noch immer will es scheinen,es könne nicht wahr sein.
Es fehlen auch die Worte,um die furchtbare Tragik des Gesche-
henen auszudrücken. Wenn auch die Missionare jederzeit auf jede
Art des Todes gefasst sein müssen,und wenn es sogar wahrscheinlich
ist,dass Mons.Imhof durch den Sturz des Wagens bewusstlos wurde
und von den Schrecken des Todes vielleicht wenig spürte,so sind

副主教胡干普給瑞士總會的報告（文件由SMB檔案館提供）

doch die Umstände,die hier zusammenwirkten,für jene,die das
Unglück überleben,und die jemanden verloren,den sie geliebt und
geschätzt haben,ohne Zweifel schwer und betrübend. – Wollen Sie
beten lassen für unsere Mission,besonders für Christen und Tauf-
bewerber,für die der ausserordentlich schwere Schlag eine harte
Glaubensprobe sein wird.

Nachträglich hat sich nun auch herausgestellt,dass ~~Hens~~ die
Nachricht,Monsignore sei gerettet,hätte aber ein Auge ver-
loren,nicht zutrifft,denn jener Mann ist ein Franzose und sein
Name ist in den Berichten angegeben. Eben kam vom deutschen
Konsul noch folgendes Telegramm:Nach erster Auskunft der Bahn-
verwaltung soll Monsignore Imhof auf einem Ganz zur ersten Klasse
vom Zusammenstoss überrascht und umgekommen sein. – Soeben wird
aus gleicher Quelle mitgeteilt,dass Monsignore nach dem Unglück
mit einem chinesischen Schaffner chinesisch gesprochen haben
soll.Es ahndelt sich offenbar wieder um eine Verwechslung mit
HH.Veil. Die Hoffnung,die hier aufzuleuchten schien,wurde aber
wieder zunichte,durch eine Armbanduhr,die in der Asche gefunden
und HH.Miltl übergeben wurde.Es ist die ganz gleiche Uhr,wie
HH.Ruf noch eine besitzt,mit genau denselben Zeichen innen
am Deckblatt.Die Zeiger des ausgebrannten Werkes zeigen auf
zehn Minuten vor neun.

Wenn die im eben angeführten Telegramm zuerst gemusstere Mit-
teilung zutreffen sollte,so wäre es möglich,dass Mons.Imhof
schon im ersten Augenblick den Tod fand,denn der Zusammenprall
muss dort,aus den Trümmern zu schliessen,furchtbar gewesen sein.
Doch nun genug der grausigen Dinge. Was etwa noch ermittelt
werden kann,werde ich nachher wieder berichten.Ein ungelöstes
Rätsel bleibt nach wie vor die Frage,warum Monsignore nicht die
Richtung über Taonan,nachdem er sich bereits über Taonan ange-
meldet hatte,einschlug.

Über die Ursache des Eisenbahnunglückes ist,soviel ich weiss,
nichts bestimmtes bekannt.

Sig.   Paul Hugentobler.

副主教胡干普給瑞士總會的報告（文件由SMB檔案館提供）

去了。20日，有兩位神父得到了日本領事的許可證，到車禍現場去了，一些工作人員正在清理現場，他們在查找到車禍的原因，只找到車廂裡一些被火燒乾了的骨頭，不知道都是什麼人的，殘酷的消息只有這些。

先前我們很高興地準備歡迎主教的歸來，結果噩耗令所有的人沮喪，三天了，大家還不能接受這個事實，無法用語言來表達這個不幸。我們雖然準備好面對的死亡。

火車脫軌翻倒時他被物品突然壓倒，是沒有痛苦的死亡。但突然的死亡消息，使我們很難過，因為我們愛他、尊敬他。許多人一時無法接受，這個不幸給我們非常沉重的打擊。請為我們的教區、教友及慕道者祈禱，這個打擊是對信德的重大考驗。

我得到了失去一隻眼睛人的消息，他是一個法國人，車禍報告中也有他的名字。剛剛收到德國領事的電報，鐵路局的消息說：「英賀福主教要到一等車廂去時，車禍發生，他當時就死了」。另一份電報說：「車禍後，英賀福主教與中國檢票員講過話」。這很可能也是弄錯了，英賀福主教生還的希望現在已經不可能了，在現場的廢墟中找到了他的手錶，保存在郜化民神父那裡，手錶是與陸化行神父同樣的，已經被火燒壞，表的指示針是8：50分。

現在我們把所有的信息總括起來，可以說，在車禍發生時，他就遇難了，看到廢墟中的殘骸就知道他不可能生還。如果還有新的消息我們會馬上向您報告。

車禍的原因現在還不清楚，還有一個難題：「英賀福主教為什麼發完電報後而改變了旅行的路線」？

胡干普(Paul Hugentobler)　」

Breslau XIII, den 7.Febr. 1934.
Hohenzollernstr.56.

Missionshaus Bethlehem,
Immensee, Schwyz.

Sehr geehrter Herr Dr.Rohner !

Bestätige hiermit den Empfang Ihres Schreibens vom 5.d.M.
In nachfolgenden Zeilen will ich, Ihrem Wunsche gemäss, den Verlauf
des Unglückes am 17.Januar, auf der Strecke Harbin-Tsitsikar, so
genau schildern, wie es mir möglich ist.

Seine Bischöfliche Gnaden Herr Dr.E.Imhof reiste mit mir in
demselben Abteil, in dem sich ausser uns noch ein Chinese und ein
Russe befanden, in ganzen also zur vier Personen. Wir unterhielten uns
anfangs über allgemeine Sachen. Im Verlauf des Gespräches erfuhr ich,
dass er kath.Missionar in Tsitsikar sei. Als ich ihm dann mitteilte,
ich sei auch Katholik, stellten wir uns gegenseitig vor und wechselten
unsere Karten. Diesem Umstand ist es zu verdanken, dass ich über die
Persönlichkeit des Hochwürdigsten Herrn so genau orientiert bin. Wir
unterhielten uns dann noch sehr angeregt über mancherlei Dinge.
Ungefähr gegen 7 Uhr 45 erhob sich HH.Dr.Imhof von seinem Platz und
ging, wie ich vermute, in den Speisewagen. Etwa nach einer halben
Stunde kam er jedoch wieder zurück, und unsere Unterhaltung wurde
fortgeführt. Nach einiger Zeit verliess auch der Russe das Abteil und
ging in den Speisewagen. Ungefähr um 8 Uhr 40 abends verliess HH.
Dr.Imhof nochmals das Abteil und begab sich, wie ich annehme, in die
Toilette. Kurz darauf ereignete sich das Unglück.

Der Zug war wie folgt zusammengesetzt: Vorn Lokomotive und
Tender, darauf folgte der Gepäckwagen, dahinter ein Wagen I.und II.
Klasse, in dem wir uns befanden, dann kam der Speisewagen und dahinter
eine grosse Anzahl Wagen III.Klasse, zwischen oder hinter denen sich
auch der armierte Wagen der japanischen Schutzwache befand.

An der Unglücksstelle war von Räubern, in der Fahrtrichtung
von Harbin auf Tsitsikar zu, die linke Eisenbahnschiene in einer
Länge von ungefähr 20 m oder mehr entfernt worden. Als der Zug die
Unglücksstelle erreichte, entgleisten die Lokomotive mit Tender und

[—2—]

ufende Gepäckwagen und fielen den Bahndamm hinunter.
gestürzten Gepäckwagen und dem darauffolgenden Wagen
riss die Kuppelung. Dadurch kam es, dass unser Wagen nicht
[...]untergerissen, sondern nur umgeworfen wurde. Die nach-
[...]tliessen die Arbei so weit vor, dass er noch vor die ab-
[...]tive zu liegen kam. Der darauffolgende Speisewagen wurde
[...]ben und fuhr mit seinem Vorderteil in den Wagen I.u.II.
[...]törte die Kesselfeuerung unseres Wagens, wodurch dieser
gesetzt wurde.

um in der Schilderung des Unglückes fortzufahren und Ihnen
in unserem Abteil vor sich ging, nachdem HH.Dr.Imhof

[—3—]

stürte das Fenster nun vollständig, indem ich
Ich steckte dann den Kopf durch die so ent-
mit Wonne die kalte Winterluft ein. Das ner-
r jetzt ein Behemstein, der eingetretene
nell ab, jedoch auch das Feuer bekam dadurch
unse Wagen durch die nun schnell weiterfres-
st, ich entfernte dann schnell noch einige
terte durch die Oeffnung auf den Wagen. Kurz
ch andere Passagiere durch dieses Fenster.

seinen Tod auf folgende
'and er sich nicht in
une. HH.Dr.Imhof konnte
h auch durch eine Wand
gh machen der Wagen ge-
unser Wagen umfiel,
Masse des mit voller Ge-
e Hinterteil des Wagens
rt wurde. In diesem so
sich jedoch in diesem
wenn nicht sofort ge-
s das Feuer Luft bekomm-
un den Holzteilen in
den ständig mit Petroleu
schon ausgelegten Betten
rung fand. Das Unglück
welche dabei in meiner
her noch ganz unsnitze.
gefunden hat, so bestätig
shen sehr wahrscheinlich
ich noch ungefähr zwei

gen dann von dem
den russischen Zug-
Mann mit einer Langen
nseres Wagens einzu-
re Fenster eingeschla-
. HH.Dr.Imhof war
ine ganze Kleidung
am Kopf und an
ei tiefe Schnittwunden.
h dann in einen
ch um den Arm, konnte
ein Masse ein Handtuch
der Missionar
an meinem Abteil sei
d durch das Herumlaufen
war, begab ich mich
gen traf ich dann auch
fragte ihn nach HH.
t mehr gesehen habe,
teren Erkundigungen
Zugführer noch einmal
sei, der Missionar,

erwähnte,
gen begeben.
s unterhielt
und Brechen
Seite unfiel.
arbeitete
inen Augen-
einziger
y Eingeschlos-
hinese aus
a der verkehr-
klemmt
mer fort-
inzeugt war.
Licht gleich
eitete, den
noch atmen
llte. Mein
fallen, ale
Wagen. Da
n. Schon halb
trümmerte die
roten Scheibe
Schnell

[—5—]

Stunden nochmals an den brennenden Wagen vorbeikam, die wenigen Ueberreste
unseres Wagens nur noch die ungefähr Länge desselben erkennen liessen.
[...] später auch von seinen Gebeinen

pf kann keine Rede sein. Die Räuber
Wagen mit der japanischen Schutz-
inges und hatte somit vor gar
giestrophe zum Stillstand kam, er-
[...] ihren Gewehren und Maschinenge-
s Umstand ist es zuzuschreiben, dass
lose, als ich den Wagen heraus
Wagen stehend noch denselben Umg
ungefähr 100 m eine grosse Anzahl
g Träger derselben die sich ent-
ich nicht mit Bestimmtheit behaupt

wahrscheinlich ist es aber. So viel steht jedoch fest, dass bei der ganzen
Katastrophe kein Schuss gefallen ist.

Als später der Hilfszug von Tsitsikar ankam, begab ich mich in diesen
und legte mich dort auf ein bereitetes Bett, ich wagen der ausgestandenen
Kälte und von den starken Blutverlust geschwächt ständig mit einer Ohnmacht
kämpfte. Da der Wagen gut geheizt war, muss ich dann wohl eingeschlafen oder
ohnmächtig geworden sein. Trotzdem nahm ich aber doch wie in einem Traume
wahr, dass der Wagen fuhr, einige Male hielt und dann wieder fuhr. Als ich
dann wieder ganz Herr meiner Sinne war und mich erkundigte, wo wir eigentlich
wären, erfuhr ich, dass wir die Station Tsitsikar schon längst passiert
hätten und uns auf dem Wege nach Hailar befinden. Darüber war ich sehr un-
gehalten, denn ich wollte zurück nach Harbin, weil sich dort ein deutsches
Konsulat befindet. Da das Blut meines verwundeten Armes immer noch durch den
Verband sickerte, rief man einen in Zuge befindlichen japanischen Militär-
arzt, der mir dann einen neuen Verband anlegte. Am 18.ebends kamen wir dann
in Hailar an, und ich begab mich dort in das unter chines.-russischer Leitung
stehende Eisenbahn-Hospital. Am 19.Januar sandte ich dann ein langes, aus-
führliches Telegramm an das Deutsche Konsulat in Harbin, in welchem ich auch
HH.Dr.Imhof erwähnte. Dasselbe tat ich auch in meinem Bericht an die russi-
sche Bahnpolizei. Am 20.Januar machte ich dann dem japanischen Generalkonsul
in Hailar einen Besuch und machte ihm einen mündlichen Bericht über das
Unglück. Er notierte sich alles, besonders auch meine Angaben über Dr.Imhof.

Mein ganzes Reisegepäck wie auch mein Hut und Ueberzieher sind mit-
verbrannt. Ich habe nur das nackte Leben und das gerettet, was ich am Leibe
trug. Nachdem ich mich in Hailar die allernotwendigsten Sachen eingekauft
hatte, setzte ich am 22.Januar die Reise weiter fort und lange am 3.Februar
hier in Breslau an. Wegen meines Armes befinde ich mich jetzt noch in
ärztlicher Behandlung.

Zu weiteren Auskünften gerne bereit

Ihr ergebener

sig.   Joh. Krämer,
Betriebsleiter der Hopei,Ching Hsing Mines,
Tientsin, China

Johnnes Kraemer列車脫軌親歷者的報告（文件由SMB檔案館提供）

Johnnes　Kraemer先生是德國人，在中國河北井陘煤礦任經理，他的故鄉在德國布雷斯勞（今波蘭的弗羅茨瓦夫）。1934年1月17日，Johnnes　Kraemer從天津到哈爾濱後，乘中東鐵路國際列車經西伯利亞返回德國布雷斯勞。他與英賀福主教同乘坐在一個包廂，列車脫軌後，用頭將車廂窗戶玻璃撞碎，逃離了車廂。1934年2月7日，Johnnes Kraemer在給瑞士白冷外方傳教會的長信中非常詳細地描述了列車脫軌及英賀福主教遇難的經過：

「尊敬的羅內爾博士！

2月5日，我收到了您寄給我的信件，您想知道1月17日從哈爾濱到齊齊哈爾鐵路線上列車脫軌的詳細情況，我盡可能地為您做詳細地描述。

英賀福主教與我同乘坐在一個軟臥車廂，同車廂共四個人，還有一位蘇聯人和一位中國人。坐在車廂裡我們一起聊天，得知他是齊齊哈爾天主教傳教士，我就告訴他，我也是天主教徒，我們彼此作了介紹，相互贈送了名片。之前，我對主教閣下就有了一定的瞭解，在德文版的《德中新聞》報紙上經常能看到他的文章，因此，我與他聊天的內容非常豐富、有趣。

7：45分時，他起身出去，我想他可能是到餐車去吃飯，半個小時後回來，我們繼續聊天，過了一段時間，蘇聯人離開到餐車去吃飯，8：40分時，英賀福主教又離開了，我想他是去衛生間，幾分鐘之後車禍發生了。

這列火車的順序是：最前面的是火車頭和煤廂，之後是行李車廂、一等、二等車廂，我們乘坐的是一等車廂，二等車廂後是餐車，餐車後是三等車廂，中間或者是後面有一節日本軍隊的鐵甲車廂（保護列車）。

列車脫軌情況是這樣：從哈爾濱到齊齊哈爾的鐵路線上，約20米長的路軌被拆走了。火車到達時，火車頭、煤廂、行李車廂全部脫軌翻倒到路基下，車廂之間的鏈接索斷裂，我們乘坐的車廂也翻倒，但沒有掉到路基裡，由於

火車的貫力，導致後面的車廂向前，將一、二等車廂推到火車頭脫軌的地方，餐車被後面的車廂擠闖，闖倒了我們的車廂，車廂內取暖的火爐被闖裂，爐火馬上燃燒了車廂。

　　下面我繼續描述列車脫軌發生時的情形：在英賀福主教第二次離開車廂後，蘇聯人還沒有回來，包廂裡只有我和中國人在聊天。突然，一陣劇烈的震動，車座頂上的沉重行李都掉下來，在鐵皮折斷的撕裂聲後，我們的車廂翻到了，我被包廂裡掉下來的行李和物品埋沒了。我奮力地推開了壓在身上的東西，但沒有敢動。怕是列車遭到土匪的搶劫，可是，一直沒有任何槍聲，包廂外傳來嘶啞著聲音叫喊：「救火啊，救火啊」，同包廂的中國人也在喊：「救救我，救救我」，很想去幫助那個中國人，但是，我也被砸得不能動，又無法搬動那些倒下的雜物。車箱一翻倒，包廂裡燈就熄滅了，包廂內很黑，看不清任何東西，我準備起來幫助那個中國人。可是這時包廂內已經彌漫著滾滾的濃煙，使我無法呼吸。我想要是被土匪抓住也好，免得被熏死在車廂裡。車廂翻到後左面的窗戶在上，為了出去，在呼吸極端困難的情況下，我有拳頭奮力地敲打窗戶，玻璃是雙層的，終於打碎了裡層的一小塊，我摸索著尋找能夠幫助我的工具，半天沒摸到，最後摸到一頂皮帽子，我把它戴到頭上，用力向上撞，玻璃撞碎後，我將頭伸向窗外，呼吸到隆冬新鮮的空氣。我很高興，還能呼吸。風從窗戶進入車廂，車廂的火燃燒得更大了。火光照亮了車廂，我拿掉了窗戶上的玻璃殘片，我非常害怕被火燒到，馬上爬上窗戶，跳了出去，在車窗上面幫助車廂裡的其他乘客爬出來後，跳到地面。我下到地面後，看到了一位蘇聯列車員和一位維護機車的運檢員，他們手裡拿著一根長鐵棒，打碎車廂其它窗戶上的玻璃，許多乘客都逃離了車廂，但是，其中沒有英賀福主教。

　　我的頭和手都受了傷，左胳膊上有兩條很深、很長的的傷口，血不住地往外湧，衣服上沾滿了鮮血。我用手帕按住，血還是不住地流，一位蘇聯人用一塊布條幫我把胳

膊紮緊後，我跑回找到蘇聯列車員，向他尋問英賀福主教的情況，他說：「傳教士被救了，我剛才還和他講過話。包廂內的中國人死了」。我失血很多，又很疲憊，外面很冷，沒有穿棉衣，就來到三等救護車廂去上藥包紮。在車廂裡遇見了同包廂裡的那個蘇聯人，我向他尋問英賀福主教的情況，他說：「車廂翻到時在餐車就餐，沒見到過英賀福主教」。我又問過許多人，都說沒見過，最後又看到蘇聯列車員，他告訴我：「英賀福主教也死了，他剛才遇到的那個傳教士不是英賀福主教，而是另一個傳教士」。

我分析了一下當時的情況：包廂裡的蘇聯人說英賀福主教不在餐車，那一定是在洗手間，洗手間牆外是火爐，餐車被沖擠向前時，首先撞到的是火爐，將火爐撞進洗手間，這個位置是全車廂最危險的地方。英賀福主教如果在洗手間，馬上會被擠扁了，如果沒有被擠壓，也會被沖進的火爐燒到窒息。車禍發生時他一定不可能出來。窗戶被打碎後，車廂的火燃燒得非常厲害，車廂都是木制的，車廂內的物品：床鋪、窗簾、行李都是易燃品。

您信中說：「在現場廢墟中找到了英賀福主教的手錶，錶指示針是8：50分」。我身上衣兜被砸壞的懷錶停止的時間是8：46分，可以證明我的分析是正確的。英賀福主教當時肯定在洗手間洗漱，將手錶摘下放在一旁，餐車衝壓時掉在洗手間地上，而沒有被燒毀，如果戴在胳膊上肯定會粉碎或被燒毀。列車脫軌兩個小時後，我從救護車廂出來，看到我們乘坐的那節車廂還在燃燒，鐵皮車架都已經燒變了形，因此，如果要想找到英賀福主教的屍體根本是不可能。

如果說英賀福主被土匪綁架，也是不可能的。在整個列車脫軌全過程中，沒見到過任何土匪。列車脫軌後，跟隨列車的日本護路軍用槍馬上將現場圍住了。當我從窗戶裡爬出來站在車窗頂上向四周望去，沒看到一個土匪，大約在一百多公里外的地方能看到有燈光在晃動，根本看不清什麼人，估計可能是土匪，但是，在整個列車脫軌過程中沒有出現過任何槍聲。

之後，調來了一輛開往齊齊哈爾的火車，將所有乘客接到車上，我又冷又暈即將昏倒，在有床鋪溫暖的車廂裡躺下，就什麼都不知道了。等我完全清醒後，問車廂裡的乘客：「現在在哪裡」？有人告訴我：「火車已經駛過了齊齊哈爾正向海拉爾駛去」。聽後我很生氣，想要回到哈爾濱去見德國領事。

我的胳膊還在流血，一位日本軍醫為我包紮好。1月18日晚，列車到達了海拉爾，我被送到一個鐵路醫院，1月19日，我打電報到哈爾濱德國領事館，在電報裡也講到了英賀福主教遇難。同時，我也給蘇聯的鐵路警察寫了一份事故報告，在報告中也寫了英賀福主教遇難。1月20日，我去拜訪日本總領事，把列車脫軌的全部經過詳細地描述給他，日本總領事非常仔細地記錄著，尤其是英賀福主教遇難的情況。

我的全部行李和衣物都被燒毀，只保住了生命和身上的東西。用德國領事館匯來的錢在海拉爾買了急需的用品，1月22日，乘火車繼續旅行回到歐洲，2月3日，到達布雷斯勞的家裡，我的胳膊還在看醫生。

如果您還需要其它方面的消息我會回復的。

非常真誠的Johnnes Kraemer

1934年2月7日」

1934年1月20日，齊齊哈爾教區副主教胡干普神父給瑞士白冷外方傳教會的報告中提到了一個難以解答的難題：「英賀福主教為什麼發完電報後而改變了旅行路線」？

1934年3月29日，列車脫軌親歷者Johnnes Kraemer先生在寫給英賀福主教母親和家人的慰問信中給予了答案：

B R E S L A U XIII, den 29. 3. 34.
Hohenzollernstr. 56.

Sehr geehrte Familie Imhof-Meier !

        Im Besitze Ihres Schreibens vom 24.d.M. draengt es mich,
Ihnen zu dem so ueberaus schweren Verlust, der Sie durch diesen
traurigen Ungluecksfall betroffen hat, mein und meiner Familie
herzlichstes Beileid auszusprechen. Es ist fuer uns Menschen oft
sehr schwer, das Wirken der Goettlichen Vorsehung zu begreifen,
desto hoeher wird es uns aber angerechnet werden, wenn wir uns
mit stiller Ergebenheit in Gottes hl. Willen fuegen. Der Tod des
H.H.Dr.Imhof ist auch fuer unsere katholische Kirche ein ausser-
ordentlich grosser Verlust, ist er doch in der Fuelle seiner
Kraft und seines Wirkens dahingegangen. Ich glaube, wir haben
kaum eine zweite Mission aufzuweisen, in der in so kurzer Zeit,
so Grosses geleistet wurde.
        Alles was ich ueber unsere gemeinsame Fahrt weiss, will
ich Ihnen gern mitteilen. Wir reisten von Harbin aus zusammen.
Bei der Vorstellung kam mir der Name Imhof sehr bekannt vor. Im
Verlauf der Unterhaltung erfuhr ich dann, dass H.H.Dr.Imhof schon
manchen Artikel fuer die "Deutsch-Chinesischen Nachrichten", eine
in Tientsin erscheinende Zeitung, geschrieben hatte, welche mit
Dr.Imhof gezeichnet waren. Die Reise von Harbin bis zur Ungluecks-
dauerte nur ungefaehr 5·1/2 Stunden. Waehrend dieser Zeit unter-
hielten wir uns sehr lebhaft. Ich glaube, wir waren uns so schnell
naeher gekommen, weil ich ihm erzaehlte, dass mein aeltester Sohn
vor kurzem als Novize in den Jesuitenorden eingetreten sei.
H.H.Dr.Imhof erzaehlte mir ziemlich ausfuehrlich von seiner
Mission, von den dort aufgefuehrten Bauten und auch, dass die
von ihm errichtete Schule so gut voran ging. Zufaellig kannte ich
auch den Bauleiter, der die Plaene fuer die Missionsbauten ange-
fertigt und die Ausfuehrung der Bauten ueberwacht hatte. Es ist
dies ein Herr Mertsch, ich weiss jedoch nicht, ob er der Inhaber
oder nur ein Angestellter der betreffenden Baufirma ist.
H.H.Dr.Imhof teilte mir auch mit, dass er aus der Heimat komme,
ueber Amerika nach Japan gefahren sei und von Tokio aus durch ein
Telegramm seiner Mission seine Ankunft angezeigt habe. Als ich
daraufhin mich ihm gegenueber äusserte, dass man ihm dann sicher
heute abend noch sehr festlich empfangen werde, antwortete er
ganz schlicht und bescheiden: "O ja, es werden sich alle sehr
freuen, wieder etwas aus der Heimat zu hoeren." Er erzaehlte mir
dann auch, dass er anfangs beabsichtigte ueber Taonan zu reisen,
im letzten Augenblick jedoch seinen Plan geaendert und nach
Harbin gefahren sei. Wenn ich mich recht entsinne, hat er in Har-
bin mit der Baufirma ueber die Errichtung weiterer Missionsge-
bäude verhandelt. Wir unterhielten uns dann noch ueber alles
moegliche. Von grossem Interesse waren fuer mich die Ausfuehrungen
von H.H.Dr.Imhof ueber die Zeit der Kaempfe zwischen den Japanern
und den Truppen der alten chin.Centralregierung vor ungefaehr
2 1/2 Jahren, die direkt im Missionsgebiet stattgefunden hatten.
Ich hatte diese Kaempfe nur in den Zeitungen verfolgt.
        Fuer die Nachfrage nach meinem Befinden vielen und
herzlichen Dank. Ich war bis zum 19. Februar in aerztlicher Be-
handlung, bin aber jetzt wieder voellig hergestellt.

        Mit den besten Gruessen, auch von meiner Familie
                                    Ihr
                                        Johs. Kraemer

Johnnes Kraemer寫給英賀福主教母親的慰問信（由Urs Imhof提供）

「尊敬的英賀福主教母親！

3月24日收到了您寫給我的信，對於您失去的兒子，我和我的家人由衷地表示哀悼，我們人雖然常常不能理解天主的安排，但必須接受天主的旨意。雖然我們獲得了很大的喜樂，但卻也付出了巨大的代價。

英賀福主教遇難是天主教會的一個巨大損失。此時的他，年輕有為，身體強健，正是一生中最好的時期，據我所知沒有任何一位傳教士，在短時間內，能做到像他那麼大、那麼多的成就。

我非常高興地願意告訴你們，我們一起旅行的情況：我們是一起從哈爾濱乘坐那趟列車的，坐到包廂後開始相互介紹，一聽到他的名字我感到非常熟悉，我在《德-中新聞》（Deutsch-Chinesche Nachrichten）報紙上經常能看到他寫的文章。從哈爾濱乘車到列車脫軌前我們在一起共同渡過了五個小時，我們交談的很愉快，很快成為了親密的朋友。

我告訴他，我的大兒子在不久前加入了耶穌會。英賀福主教詳細地給我講述了齊齊哈爾教區興建的教堂、現代、先進的神修院和學校，教區的各個教會。多年前一個偶然機會，我在瀋陽認識了齊齊哈爾教堂設計、建築師羅塔・馬科斯，他也是瀋陽德國寶利建築公司的老闆。

英賀福主教告訴我說：他是從瑞士返回齊齊哈爾教區，他的旅行途經美洲後到達日本，已經在日本東京拍電報告訴同伴們到達的時間。我說：「晚上，你的神父們一定會隆重地歡迎你歸來」。他卻謙遜、平淡地說：「是的，他們會很高興聽到瑞士家鄉的情況」。

英賀福主教說：「原來是要經洮南到達齊齊哈爾的，在短時間內改變了旅行路線是到哈爾濱去辦事」。如果我沒有記錯：他說「到哈爾濱去的原因是為了與一個建築公司商議一項新的建築設施」。

我們還聊了很多的事情，英賀福主教對兩年前發生在傳教區的日本軍隊與中國軍隊之間的戰爭特別有興趣，這場戰爭我曾經在報紙上看到過。

謝謝您關心我身體上的傷。2月19日，我又去看了醫

生，現在完全恢復了。

對您和您的家人致以最崇高的敬意。

「Johnnes　Kraemer」

CONSULAT DE FRANCE
A
KHARBINE

Copie

Kharbine, le 9 Mars 1934.

N° 6

Monsieur le Consul Général
et cher Collègue,

Suivant le desir exprimé par votre lettre N° 459 du 24
février dernier et pour vous permettre de répondre à la demande
du Département Politique Fédéral, j'ai l'honneur de vous commu-
niquer ci-dessous un résumé de l'enquête officielle, faite par
les services de la police du chemin de fer, sur le déraillement
qui a coûté la vie à Monseigneur IMHOF, Préfet Apostolique de
Tsitsikar, complété par différentes informations recueillies
au cours de mes investigations personnelles.

Ce déraillement est attribué à un acte de malveillance
ou de sabotage, dont les auteurs sont demeurés inconnus. Contrai-
rement à la pratique couramment adoptée par les bandits dans
leurs attaques contre les trains, le convoi, après le déraille-
ment, n'a pas été attaqué et, autour du lieu de l'accident, on
n'a relevé aucunes traces de gens suspects.

Il est donc inadmissible de prétendre que Mgr IMHOF,
qui se trouvait dans la voiture mixte de 1re et 2me classe se
rendant de Kharbine à Tsitsikar, ait pu être attaqué, assommé
et dépouillé.

En réalité, quand les premières voitures du convoi euren
déraillé, la voiture mixte et le wagon restaurant ont pris feu,
et la plupart de voyageurs ont été dans l'impossiblité de sortir
de ces voitures renversées, à moitié brisées et plongées dans
l'obscurité. Quatre de ces voyageurs, parmi lesquels le regretté
prélat de Tsitsikar, ont été brûlés vifs et, quand on a procédé

Monsieur E. LARDY,

法國駐哈爾濱領事勞倫斯・雷諾報告（Laurens Reynaud）
（瑞士伯爾尼國家檔案館提供）

　　瑞士在黑龍江沒有設外事機構，瑞士公民的涉外事件由
法國駐哈爾濱領事全權代理，中東鐵路列車脫軌英賀福主教
遇難的事件交由法國駐哈爾濱領事勞倫斯・雷諾（Laurens
Reynaud）負責。

- 2 -

au déblaiement de la voie, on n'a trouvé que les ossements calci-
nés de leurs corps, rendant toute identification impossible. Tous
les bagages à main des voyageurs qui se trouvaient dans la voitu-
re mixte ont été brûlés et détruits.

Les documents, papiers et valeurs que Mgr IMHOF rapportait
avec lui à la suite de son voyage en Europe et en Amérique, ainsi
que ses bagages personnels, ont été complètement détruits par le
feu, sans qu'il y ait eu vol ou tentative de vol.

Si, au cours des derniers mois, les bandits s'étaient attaqués, sur cette ligne, aux trains du trafic internatio-
nal, ils ne pouvaient pas avoir connaissance de la présence de
Mgr IMHOF dans ce train, attendu que ce dernier n'avait fait que
transborder à Kharbine et que même la mission de Tsitsikar ignora-
ait la date exacte de son arrivée et l'itinéraire qu'il devait
emprunter.

Dans le même train se trouvait le P. FEILL, desservant de la
paroisse d'Anda, qui se rendait à Tsitsikar et qui, voyageant
en 3ème classe, ignorait la présence du Supérieur de la Mission
dans le convoi.

Il convient donc d'écarter toute hypothèse d'un attentat pré-
médité contre la personne de Mgr. IMHOF; celui-ci a été simplement
la victime d'un de ces stupides et, malheureusement, trop fréquents
accidents, qui sont la rançon du progrès modernes.

Je crois devoir ajouter que, pressenti sur la question des
indemnités ou compensations à accorder aux victimes des cet acci-
dent ou à leurs familles, le chemin de fer décline officiellement
toute responsabilité à cet égard et n'accepterait éventuellement,
après enquête et de nombreuses formalités administratives, qu'à
envisager le paiement d'indemnités pour les bagages enregistrés
et placés dans un fourgon spécial, ce qui ne semblait être le cas
d'aucun des voyageurs qui ont eu à souffrir de cet accident, et
notamment pas de Mgr. IMHOF.

- 3 -

A votre disposition pour compléter, sur tels points qui
paraîtraient exiger des informations complémentaires, les rensei-
gnements ci-dessus, je vous prie d'agréer, Monsieur le Consul Géné-
ral et cher Collègue, les assurances de ma considération la plus
distinguée et de mes sentiments dévoués./.

(sig.) L. Reynaud

Consul de France.

notamment pas de Mgr. IMHOF.

法國駐哈爾濱領事勞倫斯・雷諾報告（Laurens Reynaud）
（瑞士伯爾尼國家檔案館提供）

1934年3月9日，法國駐哈爾濱領事勞倫斯・雷諾向瑞士駐上海總領事提交了《關於英賀福主教車禍死亡事件的調查報告》：

「尊敬的總領事先生、親愛的同事，

按照瑞士聯邦外交事務部2月24日第459號信件的要求，根據我個人的調查和各方面的報告匯總，下面我正式向您就列車脫軌原因，齊齊哈爾教區主教英賀福博士的生命與財產問題，做簡要報告：

列車脫軌事故的原因：因為路軌遭到惡意破壞，至今仍沒有調查到造事者。通常火車脫軌是因為遭到了當地土匪的襲擊，但是，非常奇怪的是火車脫軌後沒有遭到任何襲擊，在事故現場附近也沒有發現任何可疑的蹤跡。

所以說，在哈爾濱到齊齊哈爾的列車上，不存在英賀

福主教在第一、二節車廂脫軌撞翻倒地後，遭到土匪襲擊被劫持的可能。

事實上第一、二節車廂及前面的車頭脫軌後，餐車撞推到脫軌的第一節車廂位置，第一節車廂脫軌撞翻倒地後立即起火，旅客和大部分物品被翻倒在車廂裡，車廂全部燒毀，只剩下燒黑的鐵皮。四名乘客活活被燒死，其中包括來自齊齊哈爾教區的主教。

當工作人員清理現場時，找到的只有被燒焦的屍體和骨頭，想證明每個死者的身份是不可能的。而且，整節車廂乘客所攜帶的行李也全部被燒毀。

英賀福主教從歐洲經美國返回時，攜帶的所有文件和貴重物品以及他個人的行李完全被燒毀，沒有任何證據顯示有被盜竊過。

在這次事件之前的最近幾個月，土匪經常襲擊這條國際列車線路，如果土匪目標是要搶劫英賀福主教，可是劫匪根本不知道英賀福主教在本次列車上。因為他是臨時決定去哈爾濱的，即使是齊齊哈爾教會的傳教士們，也不知道他所選擇的路線和確切抵達的日期。

在安達教會服務的費道宏神父，也乘坐同一列火車返回齊齊哈爾，而他是在三等車廂裡，也不知道他的主教與他在同一列火車上。費道宏神父與英賀福主教的車廂相距不遠，他排除了有人企圖襲擊搶劫英賀福主教猜測。英賀福主教只不過是這條鐵路線上，非常頻繁、荒謬及不幸事故中的受害者，這是現代進步的代價和悲哀。

我需要補充的是：我向鐵路公司正式提出受害者家人要求進行賠償的問題，鐵路公司卻否認對這個事件負有任何責任，但是，將會通過長時間的調查，根據登記行李的手續證明，經過若干行政機構審議後進行賠償。這就是英賀福主教乘坐列車遇難經過的全部事實情況。

我根據您的的要求，進一步補充了上述資料。因此，我相信總領事先生和親愛的同事們，能夠接受這個事實。

致以最崇高的敬意

法國領事　勞倫斯・雷諾
（Laurens Reynaud）（簽字）」

十九、萬眾追思 息止安所

SIT NOMEN DOMINI BENEDICTUM IN AETERNUM!

Schon jetzt nehme ich armer Sünder den Tod mit all seinen Leiden demütig und ergeben aus Gottes Vaterhand an und opfere mein Leben nochmals freiwillig auf zur Ehre Gottes und zur Rettung der mir anvertrauten Seelen.

Nochmals möchte ich die göttliche Barmherzigkeit um Gnade und Verzeihung anflehen für all meine ungezählten Sünden, Unterlassungen und für meine Nachlässigkeiten im Dienste Gottes.

Um Verzeihung bitte ich ebenfalls meine Vorgesetzten, falls ich deren Wünschen und Befehlen nicht getreu nachgekommen bin, sowie meine Mitbrüder und Untergebenen, denen ich in irgendeiner Weise Unrecht getan oder ein schlechtes Beispiel gegeben habe.

Endlich möchte ich Gott noch einmal danken für alle mir erwiesenen, leider oft schlecht benutzten, Gnaden und Wohltaten; ebenso danke ich zum letzten Mal meinen lb. Angehörigen, meinen Vorgesetzten und Mitbrüdern für alle Liebe, sowie allen, die mir irgend etwas Gutes erwiesen haben. Besonders danke ich auch allen jenen, die sich meiner nach dem Tode erbarmen und für mich beten werden.

Sollte mir jemand etwas Böses zugefügt haben, so verzeihe ich ihm gerne.

Ueber meinen persönlichen Besitztum, so ich bei meinem Tode noch habe, soll mein Nachfolger oder der Regionalobere frei verfügen.

TSITSIKAR, 6. Juli 1930

英賀福遺囑(文件由SMB檔案館提供)

英賀福主教遺囑寫於1930年7月6日。英賀福主教遇難後,神父們在整理他辦公室遺物時發現的。

「我以平靜坦誠的心態,面對一切死亡。因為我是從天主那裡來的,天主將靈魂託付給我,我願意為光榮天主、救主奉獻我的生命。

我祈求仁慈的天主,寬恕我無數的罪過。請天主寬恕我應該完成而沒有完成的事情,寬恕我沒有加倍認真、熱心地為天主服務。我祈求我的長官:如果我沒有達到您們的願望和旨意,請原諒我。同時,我也祈求同會及與我一起工作的同伴們:如果我有傷害到你們,沒有為你們樹立很好的榜樣,請原諒我。

我衷心感謝天主賞賜給我的恩寵和智慧,但很可惜常常被我浪費了。我感謝我的親人、領導及同會的神父們對我的愛戴。感謝所有善待我的人,特別感謝我死後為我祈禱的人。如果有人玷污我,我會原諒他的。

關於我個人的錢財,如果在我死後還有剩餘,請會長或我的繼承者任意支配使用。

1930年7月6日於齊齊哈爾

Dr. Eugen Imhof」

傳信部部長樞機主教
Son Em.le Cardinal Fumasoni-Biondi

1934年1月26日，關於英賀福主教的遇難，羅馬教廷傳信部部長Son Em.Ie Cardinal Fumasoni-Biondi給瑞士白冷外方傳教會彭道非會長發來了慰問信函：

「最可敬的神父：

關於英賀福主教遇難的電報已經收到，意想不到的殘酷死亡，使我們傳信部的全體人員都感到非常的悲傷和難過。我們由衷地同情您和白冷傳教會的痛苦和悲傷。您和白冷傳教會失去一位優秀的神父，我們失去了一位為天主的事業開拓未來、能力非凡的成功者。為這個事件難過而受到考驗的人要安慰自己，因為，英賀福主教在天堂之中，會保佑齊齊哈爾教區的，他是齊齊哈爾教區第一位監牧主教，他對教區的強烈責任感和他所取得的成就，會激勵其他神父繼續努力工作，他傳教的品德和熱情是一份寶貴的遺產、光輝的榜樣。希望同會的神職人員們，沿著英賀福主教開創的道路繼續奮鬥。

我祈求賜予我們生命和死亡的天主讓他高貴的靈魂得以永遠的平安。

我拜會教皇時，將這個不幸消息稟告給他，教皇非常痛苦地接受了這個消息，教皇對白冷傳教會表達了慈父般的同情。

再次由衷地向您表示哀悼和誠摯地問候。

虔誠的僕人　P. Card Fumasoni-Biondi
秘書 Carlus Salotti　起草　1934年1月26日」

Bethlehem

Vol. XXXIX　　　March 1934　　　No 3

† Mgr. Eugen Imhof, Ph. D. D. D. S. M. B.
Prefect Apostolic of Tsitsikar.

A heavy, crushing blow has struck our Missionary Association and thrown it into the deepest grief. The Reverendissime Prefect Apostolic of Tsitsikar, of whose return to the Heilungkiang Mission we informed our readers in our last number, did not reach the end of his journey. Shortly before he was due to arrive in the Mission he fell a victim to bandits between Harbin and Tsitsikar. We feel ready to sob aloud for pain and sorrow. Some days have passed since the first terrible news reached us but the sudden death of the first Prefect Apostolic of Tsitsikar, that beloved and good colleague and friend, still weighs like some heavy avalanche upon the shoulders of the Missionary Association and upon all the dear relatives and friends of the murdered man.

We cannot realize the sad truth and we tell ourselves again and again: No, it cannot be. There is some error. An accident has befallen him if you will; he has been wounded and dragged off by bandits; and we cling to whatever slender spar of hope that suggests itself to our agonized hearts. Nevertheless the telegram speaks the brutal truth too clearly, too plainly for any doubt to linger.

In the evening of the 19th of January, at a moment when we were having a little cosy chat together and speaking of the dead man, telling ourselves that, on the morrow, or, at latest, on the day after, a telegram giving the news of his safe arrival in Tsitsikar would be received at Bethlehem, the shrill note of the telephone was suddenly heard. It transmitted a cable from the telegraphic bureau at Küssnacht which ran as follows:

"*Monsignor on his way hither railway accident dead.*"

Something horrible clutched at our hearts, an indescribable woe, a strange consternation and a sinister silence prevaded our ranks. We could not speak, our lips writhed in pain, but the brain worked and flew over yonder to the Manchurian express railway-line and we kneeled down, in spirit, before the dead man, who but a few weeks ago here, in our midst, in sound health and good spirits, was speaking to us in words that inspired us with saintly enthusiasm. Monsignor dead. Monsignor dead! A sleepless night hammered this news ceaselessly with a thousand variations, into our hearts.

Moreover, we knew nothing definite. We made many conjectures, consulted the earliest editions of the newspapers, which reported an attempt at murder on the railway line in Manchuria and spoke of bandits, who had torn up the railway lines and caused the engine to derail, who had murdered two missionaries, and set fire to several coaches. French newspapers already mentioned the name of Mgr. Imhof, who, according to the report of a lady, the wife of a Protestant missionary, whose husband also lost his life, was shot and then burned in the flaming railway carriage.

The Reverendissime Superior General immediately applied to the Political Department for information on the matter. A cablegram from the Swiss consul in Shanghai, who had received information from the French consul in Harbin, confirmed the death of the Prefect Apostolic.

On Monday evening the 22nd of January, another telegram arrived from the Pro-Prefect, Father Hugentobler, from Tsitsikar, informing us that baggage and corpse had been burned.

Some terrible tragedy lies around the death of the deceased prelate which is, perhaps, shrouded by some mystery and intrigue, that may never be brought to light.

As we informed our readers in the last number of the Bethlehem, Monsignor had paid a visit to the Holy Father in Rome, and, after a short stay in his native land, had set out from Immensee with fresh hope and great plans, filled with love and enthusiasm, on his return journey to his Apostolic Prefecture, on the 14th of December.

He had, at first, intended to start at the beginning of December and to return to Heilungkiang by way of Siberia, for the perilous situation in Manchuria and the fate of the Mission and of the flock entrusted to his care in the event of a sudden outbreak of war, constantly filled his thoughts and hastened his departure. To this very great distress, however, Moscow suddenly made it impossible for him to return through Russia by refusing to grant him a passport, whilst giving no reason whatever for the refusal. Monsignor Imhof was, therefore, obliged to reach his Mission Territory by sea, passing through America and Japan. After a safe journey round the earth, death overtook him on the 17th of January as the result of a dastardly crime when he was travelling from Harbin to Tsitsikar and at but a short distance from his goal.

The life of a priest who cherished high ideals, who was courageous, heroic and energetic in word and deed, filled with unselfish, self-sacrificing

65　　66

《瑞士白冷外方傳教會齊齊哈爾監牧教區主教歐根‧伊姆霍夫博士》

英賀福主教

1934年1月22日起，瑞士和歐美各國的報紙都發佈英賀福主教遇難的新聞和他的簡介，在中國各大中、外文報紙上也呈現了英賀福主教遇難消息。

瑞士教會、白冷傳教總會及英賀福主教家鄉威廷根教堂都舉行了一系列的追思活動。貝克曼博士撰寫了《瑞士白冷外方傳教會齊齊哈爾監牧教區主教歐根‧伊姆霍夫博士》長篇悼念祭文，並附「英賀福主教像」刊載在1934年3月的〈Bethlehem〉月刊上。

love for the souls which had been entrusted to his care and with fatherly love and solicitude for his colleagues in the Mission Field, has thereby come to a tragic end.

Our readers will certainly have gathered from the reports in the Bethlehem Magazine some idea of the work and activities of our first Prefect Apostolic. But the future only will afford the just perspective necessary for forming a clearer and more sharply-defined estimate of the great and eminent talents possessed by Mgr. Imhof and of the place which he has earned for himself in the history of the Manchuria Mission.

Exegit monumentum aëre perennius.

We will give a few significant dates in the life of the departed prelate. Dr. Eugen Imhof was a citizen of the parish of Freienwil in the Canton of Aargau. He was born on the 9th of February in the year 1899 in Baden, attended the State School in Wettingen whence he proceeded to the College at Einsiedeln (1911—1914) and to the College in Schwyz (1914—1918) where he passed his Maturity examinati filled with lofty ideals, felt himself drawn towards t of the Church, he set out in the year 1918 for Ro Philosophy and Theology at the College of Propagan of Doctor of Philosophy as early as 1919 and that of 1923. He was also ordained priest in Rome and cel in the Eternal City at Christmas 1922. The Be Immensee having, meanwhile, by the wish of the Hc to the rank of Missionary Institution for Switzerlan Imhof, in response to the dictates of his youthful, g to join the new Foundation. He passed his year of prot Seminary at Wolhusen, made his vows of fidelity to t the oath of Propaganda on the 28th of September 19 General of the Association, Dr. P. Bondolfi, and set that year with the first missionary troops of the y Chinese Mission. He studied the Chinese tongue with at Yenchofu in Shantung and wou and Lincheng, which were his fir

Since, in the interim, the Pre Province of Heilungkiang to th particular Mission Territory, Dr. Hugentobler (then Superior of Father Fröhling to Tsitsikar, th allotted to the Association of Be missionary pioneer, in the district area of Paichuan. In March 192 opened Youths' Seminary for th post until May 1929 when he wa Mission. When, in the year 193 Apostolic Prefecture, the Holy Prefect Apostolic of Tsitsikar.

The above brief summary co

in the life of the deceased prelate. But behind these dates lies an immeasurable amount of heroic work, of sacrifice and suffering. On two occasions the Reverend Father Imhof, worn out with apostolic work, was very seriously ill, indeed, at death's door. He recovered to plunge once again into a sea of work. His home correspondence is astonishing. Thousands of letters which he wrote after the day's work was over, without the help of a secretary, sitting at his writing table until late at night, answering and acknowledging letters from benefactors of the Mission, from his colleagues and relatives. His knowledge of languages, for he was master of six different tongues, his charm of manner which was felt by all those with whom he came into contact and his great talent for organization, stood him in good stead in his onerous office and made him known and beloved far beyond the limits of his diocese. During the tumultuous times of war and of the domination of the bandits he was made President of the Red Cross and he showed himself a father and protector towards thousands and thousands of refugees, and wounded and homeless individuals. With his characteristic acumen, he seized every opportunity of furthering the cause of the Mission. In a difficult moment he carried out the bold plan of founding a Catholic Grammar School in the capital; built a secondary school for girls, and a Teacher's Seminary, undertakings which, at the present day, are highly orities. These works of his.

recognize, in this grievous affliction, the design of an all-seeing Providence : flourishing. At the present of everlasting love and we desire in this hour of sorrow to submit to God's cials send their sons to the holy will. The missionary history of Holy Church shows us, from the days reral other Grammar Schools of the Apostles onward, to our own times, that every community which ir admittance in spite of the desires to work and do great things for God and immortal souls must lay its ce of the popularity of this foundations with blood, Cross and suffering. The parable of the grain of hall, 270 pupils gave in their wheat, which must die, if it is to bring forth fruit, is continually being nsecration of St. Michael's verified. The Missionary Association of Bethlehem will, therefore, accept the late beloved Superior. When grievous affliction in the spirit of the Faith and, trusting in Almighty God nore than a thousand people after the example of their heroic Prefect Apostolic, continue to work on at der to show him respect and their task of extending the kingdom of Christ in Heilungkiang.

R.I.P.

† Monsignor Eugen Imhof

Prefect Apostolic of Tsitsikar.

"Where I am shall also My servant be."

Christ will gather in His own
To the place where He is gone,
Where their heart and treasure lie,
Where our life is hid on high.

Day by day the voice saith, " Come,
Enter thine eternal home;"
Asking not if we can spare
This dear soul it summons there.

Had He ask'd us, well we know
We should cry, " O spare this blow!"
Yes, with streaming tears should pray,
" Lord, we love him, let him stay."

But the Lord doth nought amiss,
And, since He hath order'd this,
We have nought to do but still
Rest in silence on His Will.

Many a heart no longer here,
Ah! was all too inly dear;
Yet, O Love, 'tis Thou dost call,
Thou wilt be our All in all.

ding for her dead son, whom, to the Lord God in a spirit s are mourning the brother

endissime Superior General, t, the sorrow of the Ingenbohl enefactors of the Missionary he kind and genial Superior f the past year.

on the Apostolic Prefecture, isters are mourning their s their Shepherd and many actor and friend who came

elievers and Catholics, we

70

（摘自SMB英文年鑑）

258

22. Januar 1924. aus dem aargauer Volksblatt.

† Dr. Eugen Imhof
apostolischer Präfekt von Tsitsikar

Der Sebastianstag in Wettingen, ein gnadenvoller Freudentag für unsere Kirchgemeinde, schloß dieses Jahr mit tiefster Trauer ab. Mußte doch unser Seelsorger am Schluß der feierlichen Vesper, die durch eine Depesche aus China vermittelte Nachricht verkünden: Eisenbahnkatastrophe bei Charbin. Monsignore Imhof tot.

Ende Oktober letzten Jahres weilte der hochwürdigste Herr Dr. Imhof, apostolischer Präfekt von Tsitsikar in der Mandschurei zum ersten Mal nach seiner Abreise vor 9 Jahren in seiner engeren Heimat, um wichtige Angelegenheiten der jungen Missionsgesellschaft Bethlehem-Immensee zu besprechen mit dem in Basel schwer krank darniederliegenden Generalobern, hochw. Herrn Dr. Bondolfi. Mehrmals gab er uns Wettingen, seinem lieben Mütterlein und den Geschwistern die Ehre seines Besuches. Wir waren nicht wenig stolz auf ihn, der, vor zwei Jahren als apostolischer Präfekt vom Missionsgebiet Heilungkiang gewählt, wohl der jüngste Missionspräfekt auf der ganzen katholischen Welt war.

Wir hörten soviel von seinen herrlichen Missionserfolgen in China, von so vielen rasch aufeinanderfolgenden Stationsgründungen, sogar vom Bau einer prachtvollen Kathedrale in Tsitsikar, hörten von seiner Aufgabe als erfolgreicher Vermittler in politischen Wirren japanisch-chinesische Gegensätze zu überbrücken, vernahmen Nachrichten über seine Person, die plauderten vom Vertrauen und von unbedingter Ergebung in seine Anordnungen: überraschende Blüten

vom Vertrauen und von unbedingter Ergebung in seine Anordnungen: überraschende Blüten aus einem Missionsfrühling in klimatisch ganz unwirtlichen Ländern, an die man kaum glauben konnte.

Da er nun unter uns weilte, wurde alles klar und leicht verständlich. Diese Liebe zum Mitmenschen, dieses trauliche Wesen im Gespräch, diese Bescheidenheit in jedem Wort, die große Erfolge zu verbergen suchte, dieser Scharfblick und das ruhige Urteil, das unbefangene Sichgeben in allen Kreisen, diese Freude am steinigen Weinberge Gottes im Heidenland, dieses Vertrauen auf die göttliche Vorsehung, das leichte sichere Abwickeln und Lösen von oft schwierigen Fragen; das alles vereinigte der hohe Gast in seiner Person und noch viel mehr, er eroberte auch unsere Herzen im Sturme. So war der erfolggekrönte Missionspionier in China für uns kein Rätsel mehr.

Mitte Dezember, nach reicher Arbeit in Europa, schied er wieder von uns, von seinen Mitbrüdern Bethlehem, um wie eine mit süßem Heimweh schwer beladene Biene heimzukehren zu seinen Missionsboten, neuen Mut und Missionseifer zu vermitteln. Wie viele Glück- und Segenswünsche aus der Heimat begleiteten unsern Gast ins Missionsland!

Und nun — am gleichen Tage, da wir ihn ankommen wußten in seiner Residenz — überrascht uns die grausame Meldung, daß Dr. Imhof zirka 2 Stunden vor der Residenz entfernt, das Opfer eines niederträchtigen Räuber- oder Bolschewisten-Attentates auf den Expresszug geworden ist. Der, dessen Ankunft die Neuchristen mit Sehnsucht erwarteten, muß vor ihren Toren nach göttlicher Zulassung sterben! Es ist halt doch wahr: Jede erfolgreiche Heidenmission muß mit schweren Opfern erkauft werden vom Anfang an. Unsere herzlichste Kondolation an die junge Missionsgesellschaft Bethlehem! Schon 4 Missionäre hat sie durch den Tod geopfert seit 9 Jahren, das 5. folgenschwerste Opfer ist nun vorgestern gebracht. Der Opfersegen wird folgen.

Dr. Imhof, der Sohn des 1918 verstorbenen Malermeisters Armin Imhof und der Franziska geb. Meier, wurde 1899 geboren, studierte nach Besuch der Wettingerschulen in Einsiedeln und schloß die Gymnasialstudien mit Auszeichnung durch die Matura in Schwyz ab; dann trat er in die Propaganda Fide in Rom ein, erwarb sich dort den Doktorgrad, und am Weihnachten 1922 feierte er, der erst 23-jährige, im Beisein von der Mutter und 2 Geschwistern in Rom die Primiz. Dann entschloß er sich mit zwei andern Priestern zum Eintritt ins Noviziat der Missionsgesellschaft Bethlehem in Wolhusen und schon im Herbst 1924 erfolgte die Aussendung dieser drei ersten Missionäre der Gesellschaft nach Heilungkiang in der Nordmandschurei, wo sie bei den Steyler-Patres das Chinesische lernten. Schon bald gründete Dr. Imhof eine eigene Missionsstation, wirkte darauf einige Zeit nach Wunsch seiner Obern im neugegründeten Missionsseminar in Tsitsikar. Aber der Missionseifer drängte ihn hinaus in die Heidenwelt, er unternahm eine große Missionsreise in den Norden der Mandschurei, und stürmte sozusagen von Erfolg zu Erfolg.

Kein Wunder, daß er von der Missionspropaganda in Rom schon im Jahre 1932 als apostolischer Präfekt mit bischöflichen Rechten gewählt wurde. Er verstand es, sich dem Naturell eines jeden seiner Untergebenen anzupassen und den richtigen Mann an den richtigen Ort zu plazieren. Er wurde der vielgeliebte Vater seiner Mitarbeiter und der fast vergötterte geistige Vater seiner lieben Heidenchristen.

Im Oktober letzten Jahres konnte er die neuerstellte Kathedrale in Tsitsikar einweihen unter Assistenz der Vertreter der obersten Behörden und diplomatischen Gesandten des Landes. Das war der Schluß einer ersten großen Missionsetappe.

Dann riefen wichtige Beratungen den Missionär in die Heimat, aber das Heimweh nach der Mission ließ ihm keine Ruhe, um so weniger, als diese seine verwaisten Untertanen nach China die „Seele der Mission" zurückbegehrten; denn der russisch-japanische Krieg war in Sicht und möglicherweise konnte gerade Dr. Imhofs Missionsgebiet den Schauplatz dieses Krieges bilden. Der Winter, mit dem zugefrorenen Kriegshafen Wladiwostock verschob den Krieg.

Vor der Rückreise kam die erste Enttäuschung: Rußland verweigerte Dr. Imhof die Heimreise über Rußland, die ihn in ca. 14 Tagen nach Tsitsikar gebracht hätte. Ohne Zweifel — Dr. Imhof wollte es nicht glauben — war russische Rache im Spiel gegen den erfolgreichen Vermittler in diplomatischen Kreisen. (Moskau bei bemerkt, konnte er aus diplomatischen Umstand den russischen Gesandten der Mandschurei nicht zur Weihe der Kathedrale einladen.) Rasch entschlossen trat er die Reise über Amerika und den stillen Ozean nach Japan an. Kaum waren die glücklichsten Reiseberichte von Vancouver in Nordamerika bei uns angelangt, da kommt über die Meldung, daß Dr. Imhof mitten im revolutionären Gebiet, 2 Stunden vor seinem geliebten Reiseziel, einem verbrecherischen Anschlag auf den Expresszug zum Opfer gefallen ist — im Augenblick, da die Christen sich rüsteten zum herrlichen Empfang ihres geliebten Vaters.

Der allwissende, allweise und allmächtige liebe Gott möge die junge Missionsgesellschaft in ihrem großen Leide trösten. Wir verstehen sie unseres Gebetes und unserer Hilfe erst recht.

　　　　　　　　　　　　　—r.

瑞士德文報紙報道（由Urs Imhof提供）

Msgr. Dr. Eugen Imhof S.M.B.

Apostolischer Präfekt von Tsitsikar

Noch immer lastet wie ein schwerer Alp die furchtbare Nachricht vom plötzlichen Tod des Apostolischen Präfekten auf der Missionsgesellschaft Bethlehem und auf allen lieben Angehörigen und Freunden des Verstorbenen. Man vermag es nicht zu fassen und stündlich ertappt man sich auf dem Gedanken: Nein, es kann nicht sein, es liegt ein Irrtum vor, der Verunglückte ist nur verletzt, er ist von Räubern verschleppt, und was das arme Herz an Hoffnungsgedanken je eben ersinnt. Doch das Telegramm spricht zu klar, zu deutlich. Am 19. Januar abends, zu einer Zeit, wo man sich im trauten Kreise über den Verstorbenen unterhielt, ihn zu den Lebenden zählte und Nachricht von seiner glücklichen Ankunft in Tsitsikar erwartete, schrillte das Telephon und übermittelte das Telegramm: „Monsignore Herreise Bahnkatastrophe tot".

Nur wer die verwickelte politische Lage des Fernen Osten, wer die Persönlichkeit, das ungemein kluge, unentwegte und begeisterte Arbeiten und Wirken des Obern der Heilungkiangmission kennt, und wer der jungen, mutig aufstrebenden Missionsgesellschaft Bethlehem nahe steht, kann ahnen, was für einen Schmerz die Todesnachricht beim kranken hochmst. Herrn Generalobern und bei den Mitgliedern der Gesellschaft auslöste. Wohl jeder hätte lieber die Todesnachricht seines liebsten Angehörigen vernommen als diese herbe, schwere Botschaft.

Agenturmeldungen zufolge wurde der Expreßzug 30 Kilometer hinter Charbin zum Entgleisen gebracht. Msgr. Dr. Imhof soll von den Räubern erschossen worden und dann in den angezündeten Wagen verbrannt sein. Letzteres bestätigte auch der Kabelnachricht des Schweizer Konsul von Schanghai, der durch den französischen Konsul in Charbin Untersuchungen vornehmen ließ. Der Propräfekt der Heilungkiang-Mission, Pater Hugentobler, reiste sogleich an Ort und Stelle der Eisenbahnkatastrophe. Genauere Einzelheiten sind aber bis jetzt noch nicht eingetroffen.

Der gewaltsame Tod des Apostolischen Präfekten ist umso tragischer, als Msgr. Imhof eben von einem kurzen Aufenthalt in der Heimat und ston förmlich zurückkehrte. Zu seinem großen Leid machte ihm Moskau die Rückreise durch Sibirien aber unmöglich, da es ihm, ohne einen Grund anzugeben, das Visum für Rußland verweigerte. So sah sich denn Msgr. Imhof genötigt, auf dem Seeweg über Amerika und Japan sein Missionsgebiet zu erreichen. Nach einer glücklichen Reise um die Erde erreichte ihn kurz vor seinem Reiseziel das furchtbare Unglück und der Tod.

Ein Priesterleben voll Idealismus und heldenmütiger Kraft, voll selbstloser Liebe zu den anvertrauten Seelen und voll väterlicher Güte gegen die Mitarbeiter auf dem Missionsfeld hat damit ein tragisches Ende gefunden. Schlicht und einfach seien einige Daten aus dem Leben des Heimgegangenen, soweit sie zur Stunde bekannt sind, mitgeteilt.

Dr. Eugen Imhof wurde am 9. Februar 1899 in Baden geboren. Er ist Bürger der Gemeinde Freienwil (Aargau), besuchte die Volksschule in Wettingen, ging dann an die Stiftsschule nach Einsiedeln (1911—1914) und an das Kollegium in Schwyz (1914—18), wo er das Gymnasialstudium mit der Maturität abschloß. Da es den frommen, idealen jungen Mann hinauszog auf das große Missionsfeld der Kirche, so reiste er 1918 nach Rom und studierte dort am Propagandakolleg Philosophie und Theologie. Schon 1919 promovierte er zum Doktor der Philosophie und 1923 zum Doktor der Theologie. In Rom wurde er auch zum Priester geweiht und feierte in der ewigen Stadt am Weihnachtsfeste 1922 die hl. Primiz. Da mittlerweile auf Wunsch des Hl. Vaters das Institut Bethlehem in Immensee zur Missionsgesellschaft der Schweiz erhoben worden war, entschloß sich Hmr. Imhof im Idealismus seines jungen Priesterherzens, der

neuen Gründung sich anzuschließen. Er absolvierte sein Probejahr im Missionsseminar in Wolhusen, legte am 28. September 1924 in die Hände des Hhrn. Generaloberen der Gesellschaft, Dr. Pater Bondolfi, die Promissio auf die Gesellschaft und den hl. Propagandaeid ab und reiste schon im Herbst des gleichen Jahres mit der ersten Missionstruppe der jungen Gesellschaft in die chinesische Mission. Bei den Steyler Missionaren in Yenchofu (Schantung) lernte er die chinesische Sprache, verfaß auf den Missionsstationen der gleichen Mission in Tschaofsten und Kincheng die ersten Missionsposten.

Da unterdessen die Propaganda in Rom der Gesellschaft Bethlehem die große Provinz Heilungkiang als eigenes Missionsgebiet anvertraut hatte, reiste Dr. Imhof mit seinen Mitbrüdern Dr. Gustav Schnetzler, Pater Hugentobler und Pater Fröhling hinauf nach Tsitsikar, der Hauptstadt der anvertrauten Provinz. Als Missionspionier wirkte Pater Imhof zuerst im Distrikt Jungchotun und im weiten Bezirk Paichuan, wurde dann im März 1928 Rektor des eben eröffneten kleinen Seminars zur Heranbildung eines einheimischen Klerus nach Tsitsikar berufen, wo er bis zu seiner Erhebung zum Obern der Mission im Mai 1929 verblieb. Als 1931 Tsitsikar zur Apostolischen Präfektur erhoben wurde, ernannte ihn der Hl. Vater zum ersten Apostolischen Präfekten von Tsitsikar.

Das sind kurz einige Daten aus dem Leben des Verstorbenen. Hinter diesen Daten aber steckt eine Unsumme von heroischer Arbeit, von Opfer und Leid. Zweimal war Hhr. Imhof dem Tode nahe, auf den Tod krank, ein volles Jahr wieder und stürzte sich von neuem in das Meer der Arbeit. Erstaunlich ist seine Korrespondenz mit der Heimat. Tausende von Briefen, die er erst nach der Tagesarbeit ohne Sekretär bis spät in die Nacht hinein tippte und schrieb, gaben Antwort und Dank auf Grüße der Wohltäter, Mitbrüder und Angehörigen. In den Wirren des Krieges, der Banditenherrschaft, wurde er Präsident des Roten Kreuzes und erzielte sich Tausenden und Übertausenden von Flüchtlingen, Verwundeten, Heimatlosen als Vater und Lebensretter. Mit dem ihm eigenen Scharfsinn nahm er der Mission. Trotz strengerer Ordnung und höherer Anforderungen hält der Zudrang an. Im letzten Semester ließen sich beispielsweise 270 Studenten einschreiben. Der Bau und die Einweihung der St. Michaelskathedrale von Tsitsikar war das letzte Werk des teuren toten Oberhirten. Als bekannt wurde, daß Msgr. Imhof in die Heimat reise, fanden sich auf dem Bahnhof von Tsitsikar weit über tausend Personen ein, die ihn eben und ihm die letzten Abschiedsgeschenke mitgeben wollten.

In Wettingen weint ein greises, liebes Mütterlein um den toten Sohn, beklagen liebe Geschwister den so tragisch und jäh ums Leben gekommenen Bruder. Der hochwst. Herr Generalobere und alle Mitbrüder in Heimat und Mission trauern um den lieben Mitbruder und ersten Apostolischen Präfekten der Bethlehem-Mission, und mit ihnen das ganze Missionshaus, die Kreuzschwestern von Ingenbohl und alle Freunde und Wohltäter. Als gläubige Katholiken erkennen wir in diesen Heimsuchung den Vorsehungsplan der göttlichen Liebe und beten den göttlichen Willen an. Die ganze Missionsgeschichte zeigt von den Tagen der Apostel bis auf die heutige Stunde, daß die Gesellschaft, die für Gott und die unsterblichen Seelen Großes leisten will, mit Blut und Opfer dazu die Fundamente legen muß. Das Herrenwort vom Weizenkorn, das Sterben muß, wenn es Frucht bringen soll, bewahrheitet sich immer wieder. Und so will denn auch die Missionsgesellschaft Bethlehem die schwere Heimsuchung im Geist des Glaubens und will im Vertrauen auf den ewigen Gott und im Geiste ihres heldenmütigen ersten Apostolischen Präfekten weiter arbeiten an der Ausbreitung des hl. Glaubens in Heilungkiang.

J. C.

瑞士德文報紙報道（由Urs Imhof提供）

陸化行院長、胡干普副主教、郗化民神父與華北女校師生
（照片由SMB檔案館提供）

齊齊哈爾教區各個教會都為英賀福主教舉行了祈禱，教友們自發組織追祭。

拜泉縣教會教友冒著嚴寒追祭（摘自SMB英文年鑒）

泰來縣教堂為英賀福主教設立的祭台（摘自SMB英文年鑒）

英賀福衣帽塚
（照片由SMB檔案館提供）

二十、黑土為家 文化共融

1930年白冷傳教會在日內瓦舉辦的展覽會 （摘自SMB月刊〈Bethlehem〉）

齊齊哈爾教區主教府徽志　　　　　　　　華北中學徽志
（摘自SMB月刊〈Bethlehem〉）

英賀福與王默來、洪德超、巴樂德、雷猛神父（照片由SMB檔案館提供）

　　英賀福主教與他的同伴們步入黑龍江後，很快地融入了這塊黑土。每個人都為自己起了中文名字，用一口流利的東北話與教友交流，穿著中式長袍和手工納制的中式布鞋，抽著東北特有的長杆旱煙，品著中國盛產的茶，將自己服務工作的傳教區當做第二故鄉，視教徒為家人，將自己看作是貧困墾荒移民中的一員，對這片黑土投入了全部的青春和熱情，播撒著基督的種子，踐行著基督的精神。

　　英賀福主教以海納百川的胸懷，吸收著東方文化中的精華。為了瞭解佛教在黑龍江地區的發展和影響，親自來到齊齊哈爾新落成的最大佛教寺廟龍華寺參觀學習，並撰寫遊記刊載在瑞士白冷外方傳教會〈Bethlehem〉月刊上。

雷猛神父在教堂為教友主持聖婚禮（照片由SMB檔案館提供）

英賀福在龍華寺與全體僧人（照片聖十字架修女會檔案館提供）

Bei den Bonzen in Tsitsikar

Von Dr. Eugen Imhof S. M. B., Tsitsikar

Wenn auch der Buddhismus heute in China nicht jenen Einfluß und jene Kraftentfaltung aufweist wie z. B. gegenwärtig in Japan, so darf man trotzdem seine Macht nicht unterschätzen. Die zahlreichen Tempel und Bonzereien, die in jüngster Zeit beispielsweise nur in Heilungtiang erbaut wurden, beweisen deutlich genug, wie tief der Buddhismus in der chinesischen Volksseele verankert und wie lebenskräftig er noch ist.

Nur einige hundert Schritte von der katholischen Missionsstation in Tsitsikar entfernt, wurde vor zwei Jahren ein neues Bonzenkloster errichtet. Der mit Tchangtsolin auf so tragische Weise ermordete General-Gouverneur von Heilungtiang, Wu, unter dessen Patronat das Kloster erbaut wurde, hat sich damit wahrhaftig ein kostbares Denkmal gesetzt. Einzig durch die unberechenbaren Schätze dieses Schutzherrn war es möglich, einen solch prächtigen, von Reichtum geradezu strotzenden Bau zu erstellen.

Die ganze Anlage des Klosters besteht aus einem ausgedehnten Komplex von Tempeln, Höfen, Hallen und Wohnungen. Auf das genaueste nach altchinesischem Muster gegliedert und ausgeführt, bietet das Ganze ein wunderbar treues Bild der einheimischen Architektur. Doch nicht allein die Baukunst kann man hier bewundern, auch Maler, Bildhauer, Plastiker etc. haben wirklich meisterhaft gearbeitet, so daß ein Besuch der Bonzerei fast einem Gang durch ein chinesisches Kunstmuseum gleicht.

Am prachtvollsten ist wohl die Haupttempelhalle gehalten, worin ein 3—4 Meter hoher, vergoldeter Buddha verehrt wird. Nebst den ebenso hohen, reich verzierten Standbildern seiner traditionellen „Trabanten" und dem kostbaren Altartisch, auf dem ununterbrochen Weihrauchstengel brennen, sind es vor allem die gewaltigen Fresken, die wirklich künstlerische Werte bergen. Ich erinnere mich nicht, irgendwo so schöne Früchte chinesischer Malerei gesehen zu haben.

Sehr interessant und nicht ohne Kunstsinn geschaffen, sind die sogenannten „zehn Höllen". Ueber den Eingang dieser Hallen könnte man ruhig schreiben:

„Durch mich geht's ein zur Stadt der Schmerzerkornen,
Durch mich geht's ein zum ewiglichen Schmerze,
Durch mich geht's ein zum Volke der Verlornen!"
(Dante).

In der denkbar anschaulichsten Weise werden darin nämlich dem Besucher die Höllenstrafen für die schwersten Vergehen vor Augen gestellt. Da wird z. B. einem Sünder der Leib entzweigesägt; dort einem Verdammten das Herz herausgerissen; ein anderer liegt unter einem Mühlstein, welcher von zwei schrecklichen Dämonen getrieben wird; ein vierter wird in einem Kessel gebraten usw. Da all diese Szenen plastisch sind (glasierte oder bemalte Lehmfiguren), so kann die Darstellung nicht leicht ohne Wirkung auf den Beschauer bleiben. Welch ein grauenhafter und... heilsamer Anschauungsunterricht!

Im Kloster selbst hausen 20—30 Mönche, die daselbst der eigenen Vervollkommnung oder besser gesagt Selbstvernichtung obliegen und dem Tempeldienst versehen. Kahlgeschoren und mit ihrem feierlichen Ordensgewand bekleidet, haben sie ein recht altgelbes Aussehen. Sie unterstehen einem Abte, verpflichten sich zum Zölibat und einer strengen Regel, die ihnen jeden Genuß von Fleisch, Tabak, Alkohol etc. verbietet. Obschon sie in der Stadt nicht zu den „besseren" Leuten zählen, ja vielfach verachtet werden, so machten einige mir doch gar keinen üblen Eindruck. Mögen sie vielleicht auch wenig echte Tugend besitzen, jene der Gastfreundschaft scheint ihnen doch eigen zu sein.

* * *

Jedesmal, wenn von den zierlichen Türmen des Bonzenklosters der dumpfe Schall der Glocke oder der Schlag der Gebetstrommel ertönt, um der ganzen Stadt kundzutun, daß jetzt im Tempel den Göhen geopfert wird, und wenn dann aus den großen Opferkesseln des Tempelhofes eine Weihrauchwolke zum Himmel steigt, muß ich stets an jene Pracht denken, welche den Thron eines Göhen umgibt. Im Geiste sehe ich die, ach so armseligen Missionskapellen, in denen der lebendige, ewige, wahre Gott mit so wenigem zufrieden sein muß, wo meistens nur Armut und Entbehrung wohnen. O dieser Vergleich, dieser schreiende Gegensatz, wie erfüllt er doch die Seele eines Missionars mit Trauer und Schmerz! Könntest auch Du den Ruf dieser Glocke vernehmen! Auch Du würdest dann vielleicht mehr eifern für die Ehre Gottes, denn nur „dem Könige der Ewigkeit, dem unsterblichen, dem unsichtbaren, dem alleinigen Gott gebührt Ehre und Herrlichkeit in alle Ewigkeit."

英賀福參訪齊齊哈爾龍華寺遊記
（摘自SMB月刊〈Bethlehem〉）1930.5

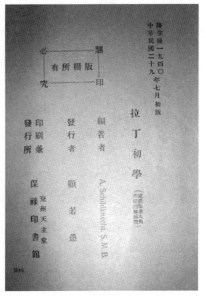

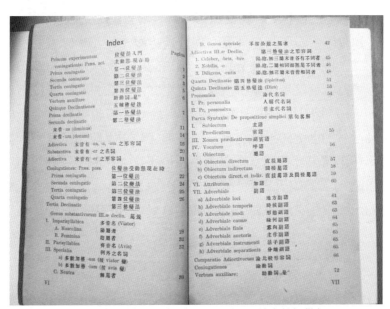

石作基神父編著的《拉丁初學》（SMB檔案館提供）

石作基神父
（照片SMB檔案館提供）

《拉丁初學》是瑞士白冷外方傳教會石作基（Alois Schildknecht）神父為「龍江崇修修院」修生編著的拉丁文入門教材，是當今在中國大陸唯一能夠見到最早、最基礎的拉丁文教材。

《拉丁初學》為32開本，136頁，教材內容是拉丁文與漢語對照的《聖經》文句和平日教會生活用語。

石作基神父來自瑞士聖加侖州，1927年4月3日，加入瑞士白冷外方傳教會後晉鐸，1927年10月，被派遣到中國黑龍江傳教區。在天津學習了半年漢語後，1928年3月，石作基神父被派到林甸永合屯天主堂，1931年，在永合屯營建了一座容納500人的大教堂。1934年－1947年，被委任為齊齊哈爾教區天主教會會長。

1932年，石作基神父調派到齊齊哈爾「龍江崇修修院」任拉丁文教授，石作基神父將自己編寫的拉丁文教學講義進行了整理，為修道院學生編撰成學習拉丁文入門教材——《拉丁初學》，1940年7月，由山東兗州聖言會「保祿印書館」進行出版發行。20世紀50年代初，石作基神父離開黑龍江後又來到臺灣，在臺灣東部花蓮修院繼續教授拉丁文，1964年—1973年，石作基神父又編著出版一套拉丁文教材，共三冊：《拉丁學校》、《拉丁文法》和《拉丁詞典》。

洪德操（Huser Andreas）神父（摘自SMB月刊〈Bethlehem〉）

　　1928年3月，洪德操神父以優異成績在白冷外方傳教會沃勒胡森神學院畢業、晉鐸，選派到黑龍江傳教。

　　洪德操神父來到傳教區後，先後被派到肇州長發屯、老城子、豐樂鎮、宋站和龍江縣文古達教堂，1936年，興建了肇東天主堂。

　　1939年，因健康原因洪德操神父回到瑞士治療、修養。他將自己在齊齊哈爾教區10年的傳教生活日記進行了整理，從1941年開始，以《神父來了》為題，每期8頁版的篇幅，連續刊載在〈Bethlehem〉月刊上，直至1946年。

　　洪德操神父根據自己的觀察、體驗和研究，詳細、生動地描繪了這一時期黑龍江地區自然景觀、風土人情、氣候、居民生活及社會現狀，這些日記深受在當時戰爭中歐洲人民的喜愛。

洪德操神父與教友們（摘自SMB月刊〈Bethlehem〉）

喜歡中國歷史和文化的弗里茨·弗萊博士，被聘做瑞士白冷傳教會檔案館館長期間，系統地整理了白冷傳教會神父們在黑龍江的檔案資料。

弗里茨·弗萊博士很關注在齊齊哈爾教區服務過的傳教士寫回的大量報告，他認為「這些報告內容廣泛、觀察細緻、坦誠直率，充滿了關愛之情，澄清了一些對中國文化偏見的報導」。

弗里茨·弗萊博士（Dr. Fritz Frei）

2005年，瑞士聯合銀行文化基金會與瑞士文化基金會聯合主辦了「中國與瑞士文化交流論壇」，弗里茨·弗萊博士將洪德操神父的日記進行了整理，編寫了題為《安德列亞斯·胡澤爾筆下的中國印象》長篇紀實，刊載在蘇黎世奧費歐出版社出版的中、德文《交流中的兩種文化——中國與瑞士》一書中。

R. 和 F. Frei-Hug
Eichmattstrasse 119a
CH-6330 Cham
Telefon 041 780 03 88

出版人：保罗·胡克尔
翻　译：陈壮鹰

交流中的两种文化
——中国与瑞士

作者：

伊莱娜·波林·博德贝克、马丁·贝尔纳/西蒙娜·施特普史蒂、安德烈亚斯·弗莱、郭里派·郭里承、共达斯/郭勇、马尔里·克尔/吉泽拉·温特雅肯尔、沿伦泰·赫东伯林、保罗·胡戈尔、亨利克尔·伊优/德国哈德·萨勒尔、河军、汉斯·翟各、罗鞍（汉名：沃涵耶）、让·皮埃尔·维胡、皮斯特·弗添恩特（摄影拍摄）

OFFIZIN

（弗里茨·弗萊博士提供）

本書作者與弗里茨・弗萊博士在瑞士白冷外方傳教總會

作者參訪瑞士白冷傳教總會教堂

2007年7月—8月，作者應瑞士白冷外方傳教總會檔案館館長弗里茨·弗萊博士的邀請，作為歷史文化交流學者赴瑞士訪問。

瑞士白冷外方傳教總會教堂前方壁畫描繪著在黑龍江的傳教歷史，廣袤田野上聳立著齊齊哈爾聖彌勒爾大教堂。

作者與Urs Imhof夫婦
在瑞士白冷傳教總會

Urs Imhof為作者提供了英賀福主教生前影集、書信和用品等。

聖十字架修女會將檔案資料、照片掃描製作成CD完整地提供給作者。

弗里茨·弗萊博士和貝惠德（Titus Benz）先生共同與作者研究、整理英賀福主教的檔案資料，使作者順利、圓滿地結束了訪問。

作者在白冷傳教總會墓地觀看墓碑

作者走訪瑞士阿爾高州英賀福家鄉與他的兩位侄子

作者走訪瑞士聖十字架修女會與陸億詩(Sr. Louise Henri)會長

作者與瑞士白冷外方傳教會總會長Emil Näf

作者與弗里茨・弗萊博士、貝惠德先生研究英賀福檔案

附表一 瑞士白冷外方傳教會神父在中國一覽表

序號	姓名 生卒	國籍 故鄉	在中國時間	福傳地區
1	Eugen Imhof 漢名：英賀福 1899.2.9-1934.1.17	AG Switzerland 瑞士-阿爾高州	1924.11-1934.1 十 泰康縣小蒿子-煙筒屯遇難	山東兗州聖言會、曹縣、齊齊哈爾、林甸、永合屯、拜泉、克山
2	Paul Hugentobler 漢名：胡干普 1893.1.7-1972.6.27	SG Switzerland 瑞士-聖加俞州	1924.11-1951.3	山東兗州聖言會、齊齊哈爾、肇州長發屯
3	Schnetzler Gustav 漢名：司啟蒙 1896.5.17-1972.6.9	AG Switzerland 瑞士-阿爾高州	1924.11-1951.3	山東兗州聖言會、梁山、長發屯、拜泉、林甸、昂昂溪、齊齊哈爾
4	Fröhling Franz 漢名：傅濟靈 18971.12-1933.4.6	Dortmund German 德國-多特蒙德	1925.3—1933.4 十 染傷寒病逝於齊齊哈爾	山東青島、兗州聖言會、長發屯、龍江索伯台、甘南、齊齊哈爾
5	Andres Louis 漢名：安德普 1899.8.22-1976.3.24	Dambach French 法國-當巴克	1926.8-1953.11	肇州長發屯、肇州，林甸、永合屯、景星、哈爾濱
6	Hiltl Otto 漢名：郜化民 1896.5.2-1947.3.21	Pielenhofen German 德國-皮倫霍芬	1926.8-1947.3 十 病逝於吉林省白城子	齊齊哈爾、昂昂溪、扎蘭屯、白城子
7	Herrmann Leo 漢名：和致中 1901.12.7-1996.6.22	Hochstberg German 德國-赫希斯特貝格	1927.10-1953.11	天津、拜泉，肇州、宋站、齊齊哈爾、訥河、老城子、哈爾濱
8	Ruf Matthflus 漢名：陸化行 1901.10.13-1990.4.6	Thüringen German 德國-圖林根	1927.10-1952.1	龍江索伯台、北安、齊齊哈爾
9	Alois Schildknecht 漢名：石作基 1899.1.20-1988.9.28	SG Switzerland 瑞士-聖加俞州	1927.10-1952.1	林甸、永合屯、齊齊哈爾

10	Eduard Blatter 漢名：巴樂德 1901.11.7-1991.4.4	SG Switzerland 瑞士-聖加侖州	1928.10-1934.	拜泉、克山、德都、齊齊哈爾
11	Andreas Huser 漢名：洪德操 1900.12.3- 1960.7.17	SG Switzerland 瑞士-聖加侖州	1928.10-1939.	齊齊哈爾、長發屯、老城子、豐樂鎮、宋站、龍江文古達、肇東
12	Julius Küttel 漢名：谷聲遠 1900.4.10- 1982.3.20	LU Switzerland 瑞士-盧塞恩州	1928.10-1953.11	齊齊哈爾、龍江索伯台、永合屯、甘南、文古達、訥河、海星
13	Gottlieb Raimann 漢名：雷猛 1898.6.12- 1975.6.24	SG Switzerland 瑞士-聖加侖州	1928.10-1953.11	永合屯、索伯台、富拉爾基、吉林大賚、文古達、高地營、哈爾濱
14	Alois Schönherr 漢名：沈 1901.6.16- 1930.6.26	Wien A 奧地利-維也納	1928.10-1930.6 十 染傷寒病逝於齊齊哈爾	齊齊哈爾
15	Patrick Veil 漢名：費道宏 1901.4.2- 1988.5.18	Thüringen German 德國-圖林根	1929.9-1949.11	肇源、肇州老城子、安達、肇東、甜草崗、長發屯、哈爾濱
16	Anton Jörg 漢名：樂 1902.5.16- 1935.5.29	GR Switzerland 瑞士-格勞賓登州	1929.9 -1935.5 十在德都被土匪殺害	文古達、甘南、永合屯、林甸、肇東、德都
17	Stephan Emil Weber 漢名：魏佑民 1900.7.17- 1991.2.25	SG Switzerland 瑞士-聖加侖州	1929.9-1951.3	拜泉、長發屯、齊齊哈爾
18	Ernst Manhart 漢名：滿海德 1905.3.27- 1991.7.27	SG Switzerland 瑞士-聖加侖州	1930.8-1954.9	克山、拜泉、德都、肇州、齊齊哈爾

附表一 瑞士白冷外方傳教會神父在中國一覽表

277

19	Pfister August 漢名：皮 1901.2.18- 1930.12.21	SG Switzerland 瑞士-聖加侖州	1930.-1930.12 十 染傷寒病逝 於 齊齊哈爾修道院	齊齊哈爾船套子 崇修修院
20	Nikolaus Piront 漢名：畢佑周 1895.6.18- 1942.7.22	Aachen German 德國-亞琛	1930.8-1942.7 十食物中毒逝於 富拉爾基	肇州、吉林大賚、 富拉爾基
21	Franz Senn 漢名：孫惠眾 1900.5.9- 1976.8.29	TG Switzerland 瑞士-圖爾高州	1930.8-1951.3	長發屯、豐樂 鎮、甘南、林 甸、安達、齊齊 哈爾
22	August Widmer 漢名：王默來 1904.2.18- 1985.4.23	SG Switzerland 瑞士-聖加侖州	1930.8-1951.3	宋站、林甸、景 星、拜泉、齊齊 哈爾
23	Friedrich Bossert 漢名：博施德 1906.1.25- 1987.7.4	LU Switzerland 瑞士-盧塞恩州	1931.9-1951.3	長發屯、齊齊哈 爾
24	Oskar Jäger 漢名：葉榮根 1903.3.25- 1956.7.15	GR Switzerland 瑞士-格勞賓登 州	1931.9-1946.	肇州、老城子、 文古達、甘南、 齊齊哈爾
25	Joachim Kauffmann 漢名：高福滿 1903.7.28- 1985.12.9	SZ Switzerland 瑞士-施威茨州	1931.9-1953.11	甘南、泰來、哈 爾濱
26	Johann Brantschen 漢名：陳慧群 1903.1.28- 1946.4.24	VS Switzerland 瑞士-瓦萊州	1932.8-1946.4 十 染傷寒病逝 於富拉爾基	景星、克山、文 古達、富拉爾基

27	Johann Hübscher 漢名：徐恩達 1906.11.5- 1936.7.19	AG Switzerland 瑞士-阿爾高州	1932.8-1936.7 十 病逝於拜泉	拜泉
28	Josef Stadler 漢名：達普德 1905.2.5- 1986.3.2	AG Switzerland 瑞士-阿爾高州	1932.8-1951.3	富拉爾基、長發屯、昂昂溪、吉林大賚、拉哈、甘南、齊齊哈爾
29	Franz Schwitter 漢名：水德祿 1898.4.9- 1943.6.13	GL Switzerland 瑞士-格拉魯斯州	1933.8-1943.6 十 病逝於訥河	永合屯、肇東、海星、北安、齊齊哈爾、訥河
30	Moritz Baumann 漢名：包慕恩 1902.5.31- 1978.5.27	AG Switzerland 瑞士-阿爾高州	1933.8-1946.	拉哈、吉林大賚、長發屯、文古達、齊齊哈爾
31	Eugen Adolf Lenz 漢名：藍恩慈 1907.5.22- 1996.4.23	AG Switzerland 瑞士-阿爾高州	1933.8-1952.11	文古達、齊齊哈爾、克山
32	Jakob Beerli 漢名：李光東 1902.12.15- 1982.9.20	SG Switzerland 瑞士-聖加侖州	1935.10-1952.9	克山、甘南、安達、豐樂鎮、拉哈
33	Alois Bürke 漢名：布培信 1908.1.7- 1988.6.23	SG Switzerland 瑞士-聖加侖州	1935.10- 1953.11	文古達、安達、齊齊哈爾、訥河、拉哈、哈爾濱
34	Frei Walter 漢名：福廣榮 1902.6.2- 1987.9.14	LU Switzerland 瑞士-盧塞恩州	1935.10- 1953.11	安達、富拉爾基、扎蘭屯、海星
35	Hensch August 漢名：韓其昌 1904.2.3- 1993.2.15	TG Switzerland 瑞士-圖爾高州	1935.10-1948.7	甘南、景星、克山訥河、拉哈、哈爾濱

附表一 瑞士白冷外方傳教會神父在中國一覽表

36	Fridolin Höin 漢名：侯守仁 1907.3.9- 1990.11.2	AG Switzerland 瑞士-阿爾高州	1935.10-1952.9	吉林大賫、豐樂鎮、文古達、肇東滿溝、哈爾濱
37	Friedrich Hort 漢名：郝道永 1908.6.3- 1985.3.17	AG Switzerland 瑞士-阿爾高州	1935.10-1950.8	吉林大賫、林甸、齊齊哈爾
38	Adolf Langenegger 漢名：郎永瑞 1908.10.22- 1940.12.12	SG Switzerland 瑞士-聖加侖州	1935.10- 1940.12 十 病逝于文古達	林甸、訥河、吉林大賫、文古達
39	Viktor Notter 漢名：聶永勝 1906.11.11- 1992.10.1	SZ Switzerland 瑞士-施威茨州	1935.10-1950.8	景星、長發屯、克山、訥河、昌五、齊齊哈爾、大賫
40	Johann Rütsche 漢名：呂惠民 1907.11.27- 1986. 5.10	SG Switzerland 瑞士-聖加侖州	1935.10-1950.3	林甸、長發屯、文古達、扎蘭屯、齊齊哈爾、大賫
41	Hans Schultheiss 漢名：舒明道	BS Switzerland 瑞士-巴塞爾市	1935.10-1941.	齊齊哈爾
42	Eduard Studer 漢名：杜國安 1904.2.26- 1996.7.10	BL Switzerland 瑞士-巴塞爾村	1935.10- 1950.11	訥河、吉林大賫、文古達、肇東、林甸
43	Anton Ebnöther 漢名：德懋輝 1909.5.18- 1947.11.20	SG Switzerland 瑞士-聖加侖州	1937.9-1947.11 十 被處決於德都	林甸、德都
44	Johann Imesch 漢名：英美師 1908.10.3- 2002.6.6	VS Switzerland 瑞士-瓦萊州	1937.9-1950.7	甘南、海星、文古達、齊齊哈爾

45	Ambros Rust 漢名：羅屬德 1910.12.2- 1993.2.12	ZG Switzerland 瑞士-楚格州	1937.9-1953.11	景星、訥河、昌五、齊齊哈爾、哈爾濱
46	Jorrit De Boer 漢名：姚秉彝 1911.7.22- 2002.7.18	LU Switzerland 瑞士-盧塞恩州	1938.12-1953.2	克山、富拉爾基、訥河、文古達、哈爾濱、吉林大賚
47	Max Blöchliger 漢名：馬士傑 1911.11.21- 2004.12.23	SG Switzerland 瑞士-聖加侖州	1938.12-1946.	林甸、拉哈、齊齊哈爾
48	Konrad Bollhalder 漢名：孔世洲 1909.11.4- 1963.11.19	SG Switzerland 瑞士-聖加侖州	1938.12- 1953.11	甘南、克山、文古達、永合屯、齊齊哈爾
49	Ernst Üebelmann 漢名：吳博滿 1911.8.5- 1999.3.15	BS Switzerland 瑞士-巴塞爾	1939.11- 1953.11	甘南、齊齊哈爾

附表二 瑞士聖十字架修女會修女在中國一覽表

序號	姓名 生卒	國籍 故鄉	在中國時間	福傳服務地區
1	Theobalda Brühl 漢名：布汝立 1874-1957	Dresden Deutschland 德國-德累斯頓	1927.10-1949.10	齊齊哈爾、拜泉、訥河縣拉哈、吉林省大賚、
2	Alana Fiechter 漢名：費西德 1895- 1985	BS Switzerland 瑞士-巴塞爾	1927.10-1937	齊齊哈爾、肇州長發屯、老城子
3	Moderata Zwicker 漢名：孟淑貞 1896- 1980	SG Switzerland 瑞士-聖加侖州	1927.10-1952.1	齊齊哈爾、拜泉、肇州老城子、豐樂鎮
4	Dafrosa Imhof 漢名：達靜宜 1901-1993	SZ Switzerland 瑞士-施威茨州	1927.10-1952.1	齊齊哈爾、訥河縣拉哈
5	Franziska M. Jung 漢名：榮雅範 1901- 1989	SG Switzerland 瑞士-聖加侖州	1928.10-1951.7	齊齊哈爾、訥河縣拉哈
6	Arilda Hess 漢名：思靜貞 1897-1948	TG Switzerland 瑞士-圖爾高州	1928.10-1948.11.16齊齊哈爾監獄病逝	齊齊哈爾、拜泉、肇州老城子、吉林省大賚、
7	Archangela Lecka 漢名：賴次芽 1902- 1989	Slovakei 捷克-斯洛伐克	1928.10-1949.11	齊齊哈爾、拜泉、肇州豐樂鎮
8	Ancilla Marichel 漢名：馬潔貞 1899- 1980	Slovakei 捷克-斯洛伐克	1928.10-1950.1	齊齊哈爾、拜泉、肇州老城子、豐樂鎮、吉林省大賚、
9	Mechtild Mettler 漢名：梅叔媛 1887-1958	Switzerland 瑞士	1929.9-1949.10	齊齊哈爾
10	UbaldaHirtenfelder 漢名：習東菲 1893-1984	AT 奧地利	1929.9-1949.11	齊齊哈爾、肇州老城子
11	Nepomucena Heidová 漢名：穆靜言 1894-1973	Mähren 摩拉維亞侯國	1929.9-1949.11	齊齊哈爾、肇州老城子、豐樂鎮、吉林省大賚

12	Xaveria Kriva, 漢名：西修德 1901-1956	Mähren 摩拉維亞侯國	1929.9-1949.11	齊齊哈爾、吉林省 大賚、肇州老城 子、豐樂鎮、
13	Aquilina Limacher 漢名：林鶴仙 1900-1944	LU Switzerland 瑞士-盧塞恩州	1931.9-1944. 患癌症病逝於齊齊 哈爾	齊齊哈爾、拜泉、 肇州老城子、豐樂 鎮
14	Blandina Zwicker 漢名：孟蘊範 1900-1981	SG Switzerland 瑞士-聖加侖州	1931.9-1951.7	齊齊哈爾、訥河縣 拉哈
15	Sekundia Treier 漢名：王潤清 1905--1976	AG Switzerland 瑞士-阿爾高州	1931.9-1949.11	齊齊哈爾、肇州老 城子、拜泉、吉林 省大賚
16	Sophie Kral 漢名：劉靜範 1900-1953	Böhmen Luditz 波希米亞王國	1931.9-1949.11	齊齊哈爾、訥河縣 拉哈、吉林省大賚
17	Ida Survanji 漢名：蘇倫理 1895- 1948	HU Zenta 匈牙利	1933.10-1942出會 1948於哈爾濱病 逝	齊齊哈爾，哈爾濱
18	Elfrieda Mares 漢名：馬瑞師 1894-1944	Böhmen Pohor 波希米亞王國	1933.10-1944 染傷寒病逝於齊齊 哈爾	齊齊哈爾、拜泉
19	Benigna Fässler 漢名：費絲來 1899-1977	AT Vorarlberg Dornbirn 奧地利	1933.10-1950.1	齊齊哈爾
20	Georgina Dittler 漢名：狄弟樂 1901-1983	Mähren Guldenfurth 摩拉維亞侯國	1933.10-1950.1	齊齊哈爾、吉林省 大賚、拜泉
21	Lima Sulzbacher 漢名：徐芝柏 1905-1967	AT Steiermark Kapfenberg 奧地利	1933.10-1950.1	齊齊哈爾、拜泉、 吉林省大賚
22	Seraphina Pfleger 漢名：龐守貞 1901-1977	AT Steiermark Wenigzell 奧地利	1935.10-1951.7	齊齊哈爾、吉林省 大賚、拜泉
23	Benilda Unger 漢名：王佩範 1902-1983	Böhmen Pressnitz 波希米亞王國	1935.10--1949.11	齊齊哈爾、拜泉
24	Celsina Stocker 漢名：陶避魯 1900-1980	AG Switzerland 瑞士-阿爾高州	1935.10--1949.10	齊齊哈爾

附表二　瑞士聖十字架修女會修女在中國一覽表

後記

　　瑞士這個素有「歐洲花園」之稱的美麗國家，今天，我們黑龍江人談起她，往往聯想到的是享譽世界的瑞士名錶和保密性最好的銀行，對於她在歷史上與黑龍江的淵源知道的人卻寥寥無幾。

　　瑞士白冷外方傳教會是致力於中國的傳教事業而創建的，畢業於羅馬大學的哲學、神學博士英賀福主教，作為瑞士白冷外方傳教會第一批傳教士，用他的青春和熱血點燃了龍江大地，播撒下了基督的種子，使這片黑色沃土不在荒蕪，不斷枝繁葉茂，結出累累果實。

　　本書是作者根據2007年7月－8月在瑞士進行歷史學術交流訪問時，白冷外方傳教會檔案館館長弗里茨・弗萊博士（Dr. Fritz Frei）、聖十字架修女會檔案館卡妮西亞修女（Sr. Canisia Mack）和英賀福家族提供的1924年－1936年文獻照片、Bethlehem Mission Immensee月刊、年鑒，書信、日記及《鐸聲》上的圖文等檔案資料，利用工作之餘，歷經了近8年的時間，進行整理、翻譯、編著而成。

　　作者編著目的是希望本書成為研究黑龍江天主教歷史發展的最基本佐證。齊齊哈爾聖彌勒爾大教堂是瑞士白冷外方傳教會在黑龍江傳教期間興建的唯一倖存的教堂，今天，瑞士白冷外方傳教會建立的其他傳教設施都已蕩然無存，最基本的、真實的歷史資料也寥寥無幾。本書運用大量史料圖片，足以真實再現、還原黑龍江天主教歷史發展的本來面目，展現以英賀福為首的福音使者們對近代黑龍江歷史文化的影響。

　　此書在編著過程中，得到了原瑞士白冷外方傳教會檔案

館館長弗里茨・弗萊博士（Dr. Fritz Frei）、瑞士白冷會檔案館Elisabeth Vetter女士、瑞士白冷會薛弘道（Laurenz Schelbert）參議、貝惠德（Titus Benz）先生、英賀福侄子Urs Imhof先生和聖十字架修女會檔案館Sr. Canisia等的大力、傾心支持，同時也得到了華北中學最後一期畢業生、原齊齊哈爾市地方誌副總編、黑龍江省文史研究館特邀編審、書畫和篆刻家譚彥翹先生、齊齊哈爾社會科學院副院長王延華女士和齊齊哈爾市委黨史研究室副編審徐亞娟女士等多位熱愛而又尊重歷史的專家、學者指導和幫助。在此一併表示衷心感謝。

　　由於編著者的能力所限，書中難免有疏漏、不當之處，敬請專家、學者及廣大讀者指出、斧正。作者致以衷心地感謝！

國家圖書館出版品預行編目資料

聖彌勒爾教堂圖史 / 劉銳著　--初版--
臺北市：蘭臺出版社：2016.7
ISBN：978-986-5633-32-5（平裝）

1.聖彌勒爾教堂 2.天主教 3.教堂

247.1　　　　　　　　　　　　　　　105008376

聖彌勒爾教堂圖史

作　　者：劉銳
編　　輯：高雅婷
美　　編：高雅婷
封面設計：林育雯
出 版 者：蘭臺出版社
發　　行：蘭臺出版社
地　　址：台北市中正區重慶南路1段121號8樓之14
電　　話：(02)2331-1675或(02)2331-1691
傳　　真：(02)2382-6225
E—MAIL：books5w@gmail.com或books5w@yahoo.com.tw
網路書店：http://bookstv.com.tw、http://store.pchome.com.tw/yesbooks/
　　　　　華文網路書店、三民書局、http://www.5w.com.tw
　　　　　博客來網路書店 http://www.books.com.tw
總 經 銷：成信文化事業股份有限公司
電　　話：02-2219-2080　傳 真：02-2219-2180
劃撥戶名：蘭臺出版社 帳號：18995335
香港代理：香港聯合零售有限公司
地　　址：香港新界大蒲汀麗路36號中華商務印刷大樓
　　　　　C&C Building, 36,Ting, Lai, Road, Tai,Po, New,Territories
電　　話：(852)2150-2100　傳真：(852)2356-0735
總 經 銷：廈門外圖集團有限公司
地　　址：廈門市湖裡區悅華路8號4樓
電　　話：86-592-2230177　傳 真：86-592-5365089
出版日期：2016年7月 初版
定　　價：新臺幣360元整（平裝）
ISBN：978-986-5633-32-5